怪談六道
ねむり地獄

蛙坂須美

竹書房
怪談
文庫

※本書に登場する人物名は、様々な事情を考慮してすべて仮名にしてあります。また、作中に登場する体験者の記憶と体験当時の世相を鑑み、極力当時の様相を再現するよう心がけています。現代においては若干耳慣れない言葉・表記が登場する場合がありますが、これらは差別・侮蔑を意図する考えに基づくものではありません。

ねむり地獄——まえがきに代えて

こんな話を聞いた。

充義さんは学生の頃、夢日記を付けていた。起床後、枕元のノートに夢の内容を書き記すのだが、数カ月でやめた。ある時期からメモに「オオタミホ」という知らない名前が頻出するようになり、その筆跡が充義さんとはまるで異なる女性らしい丸文字だったからだ。

こんな話を聞いた。

葵さんは通勤電車でうたた寝した際、自分の部屋を血塗《まみ》れで体のひしゃげた男が歩き回っている夢を見た。不気味に思いつつも仕事を終え帰宅したところ、部屋の壁といわず床といわず、至るところにコールタールを擦り付けたような黒い筋が浮かび上がっていた。

こんな話を聞いた。

目次

噛夢

客室乗務員の香里奈さんは自室に着くなり、下着姿のままベッドに倒れ込んだ。

「確か長距離のフライトから帰った晩だったはず」

長時間労働と時差ボケで、全身がぐにゃぐにゃになっていたという。

「そういうときに限って『よくなる』んだよね」

身体はとっくに眠りのモードに入っており、目も開けていられない。指一本動かせない。ではあるのだが、意識は冴え渡っていた。

金縛りだ。

香里奈さんは内心で舌打ちしたものの、体質上よくあることだから、さして気にはしなかった。

「変に焦ってもがいても疲れるだけだし。深呼吸でもしていれば、そのうちストンと寝られちゃうから」

落ち着いていられたのは、ほんの一瞬だった。

最初は、右足の親指。

コッ、と硬いものが当たる感触を覚えた。

「痛いって程じゃなかったけど、とても嫌な感じがした」

コッ。今度は左足の甲。

コッ。左の膝頭。

コッ。右手首。コッ。左肩。

コッ。顎。コッ。右手の薬指。コッ。

コッ。コッ。コッ。コッ。コッ。コッ。コッ。コッ。コッ。コッ。コッ。

ガリッ。

太腿の内側が鋭く痛み、香里奈さんは声にならない悲鳴を上げた。

「その瞬間、身体の自由が戻って」

弾かれたように飛び起き、掛け布団を捲った。

芋虫のようなものが蠢《うごめ》いていた。

「裸の人間だったの」

使い捨てライター程の大きさだった、という。

目鼻のない顔に空いた穴の上下には、米粒のような歯がびっしりと並んでいた。

十体か、それ以上はいた。

ガリッ。

今度こそ正真正銘の絶叫を上げかけたところで、右の乳首に激痛が走った。

香里奈さんは意識を失った。


「それで気付いたら朝だった、ってよくあるパターン」

慌てて身体を確認するも異常はない。

布団の中にも、小人の姿は見当たらなかった。

夢だったのかと胸を撫で下ろし、ベッドから降りる。

「痛っ！」

何かを踏みつけた。

足裏に、黄ばんだ人間の歯がめり込んでいた。

「すぐに警察呼んで部屋の中を調べてもらったら、ベッドの下から出るわ出るわ……」

歯。歯。歯。歯。歯。

その数、実に十四本。

鑑定の結果、全て同一人物のものと判明した。

「ただ犯人がどうやって侵入したのかは、結局分からずじまい。担当の刑事さんも首を捻ってたし」

忠告を受け、香里奈さんはすぐにそのマンションを引き払ったが、犯人の目的等は今も不明である。

その後、今日に至るまで不審な出来事は起きていないそうだが。

「夢はね、たまに見るかな。あのときの小人がわらわらと群がって、全身を嚙まれる夢。手足から始まって、執拗《しつよう》に、ガリガリガリガリ……。夢の中でも、まあ痛いよ？　けど最近は、それがちょっと良くなってきちゃって……」

本気で嚙んでくれる人じゃないとアガらないんだよね。

そう言って微笑む香里奈さんの首に巻かれた包帯が、筆者には気になってならなかった、という話なのである。

裏切り者

女の声だった。

とそう聞こえた。

『裏切り者』


中年の不倫カップルが利用するような、どこか昭和っぽく爛《ただ》れた雰囲気のホテルだったという。

フロントのモニターで適当な部屋を選び、受付で鍵を受け取る。

「あっ」

刈谷さんはそのとき、磨《す》りガラス越しに女性スタッフが小さく声を上げるのを聞いた。

どうしたんだろう？　と不審に思いはしたものの、その後スタッフからは一言もない。

エレベーターの中で栞菜《かんな》さんにその話をすると、彼女は含みのある笑みを浮かべた。

「ひょっとして、出る部屋なんじゃない？」

「出るって何が？」

これ、と琹菜さんは揃えた両手を胸の前でゆらゆらと振ってみせる。

「おいおい、勘弁してよ」

そう言って苦笑するが、刈谷さんは憂鬱な気分に陥った。

彼はそういった類の話が大の苦手で、ホラー映画もまともに観られない。怪談なんてもってのほかだった。


部屋は最悪だった。

茶ばんだ壁紙はヤニ臭く、ソファーの破れ目から綿がはみ出ている。浴室の床はぬるぬると滑り、ベッドのスプリングは耳障りな音を立てた。

琹菜さんがシャワーを浴びている間、刈谷さんはベッドに腰掛け、煙草を吸った。

視線を感じた。

顔を上げたら、浴室の脇に掛けられた鏡に知らない女が映っていた。

女は、ベッドの上、刈谷さんのすぐ後ろに膝立ちになっていた。

『裏切り者』

襟元に冷たい息が掛かり、刈谷さんは部屋を飛び出した。

「それ以来、栞菜とは会っていません。勿論《もちろん》理由は説明して、何度も謝罪しました。一度も電話には出てくれません。でもこうやって、ボイスメッセージも送ったんです。今はもうブロックされちゃって、連絡取れないんですけど」

言いながら刈谷さんは卓上にスマホを置き、メッセージを再生した。

『栞菜ちゃん、本当に反省してます。自分が情けない。どうか許してください』

『頼むから一度だけ、どうか会ってほしい。それが無理なら電話だけでも。直接謝りたいんだ。お願いします』

『勝手なことばっか言って、俺、最低だよね。自分が嫌になるよ』

『何度もごめん。ただ最後に、一言だけ言わせてほしい。それで諦めるから』

『栞菜ちゃん、俺、本当に』

『裏切り者』

とそう聞こえた。

女の声だった。

『裏切り者』

『裏切り者』

『裏切り者』

『裏切り者裏切り者裏切り者裏切り者裏切り者裏切り者裏切り者裏切り者裏切り者裏切り者裏切り者裏切り者裏切り者裏切り者裏切り者裏切り者裏切り者裏切り者うらぎりものうらぎりものうらぎりものらぎりものうらぎりものうらぎりものらぎりものうらぎりものうらぎりものらぎりものうらぎりものうらぎりものらぎりものうらぎりものうらぎりものらぎりものうらぎりものうらぎりものうらぎりものうらぎ』

刈谷さんは繰り返し、いつまでもメッセージを再生し続けた。

ひとごろしの裏ビデオ

都市伝説に「夢と違うじゃねえか」というのがある。

ある女性が悪夢にうなされる。ナイフを持った男から滅多刺しにされる夢だ。そんな夢を毎晩のように見るので、気味が悪くて堪《たま》らない。

そうした折、夜道を歩いていたら、不意に既視感を覚える。

この道は夢と同じだ、と。

途端に恐ろしくなり、近くにあった電話ボックスに駆け込む。家に電話を掛け、迎えを頼む。

すると道の先から一人の男が歩いてきて、彼女は絶句する。

夢の男だ。

男は通りすぎざま、彼女をじろりと睨みつけ、

「夢と違うじゃねえか」

そう言うと、恐怖のあまり身動きもできない彼女を残して立ち去っていく。

細部に異同はあるものの、大筋ではこのような話である。

筆者がこの都市伝説を知ったのは、もう三十年近く前のことだ。記憶では、当時ブームになっていた「学校の怪談」関係の書籍で読んだのではないかと思う。いずれにせよ、息の長い話であることには違いない。


これによく似た体験談を聞いたことがある。

都甲さんは高校時代、評判の良くない先輩から「○○の裏ビデオ」という触れ込みのビデオテープを五千円で買わされた。
○○は当時人気のあった女性タレントの名前である。
偽物に決まっている、と思ってはいても、健全な高校生の男子である以上、一抹の期待は捨てきれなかったという。

それで都甲さんは深夜、家族が寝静まった頃に居間のビデオデッキでそのテープを再生してみた。

ブラウン管に映し出されたのは、どことも分からない、暗い林道のような場所だったそうだ。

撮影者のものだろう、何事かをぶつぶつ呟く声に加えて、ウウウウ……という低い音がする。車のエンジン音のようだが、男の呻き声に聞こえないこともない。

懐中電灯の光を頼りに、カメラは前へ前へと進んでいく。

これからどうなるんだろう？　と、都甲さんは興味を惹かれた。

どう考えてもアダルトビデオの類ではないが、不思議と目が離せない。

変わり映えのない暗い夜道を五分程進んだ地点で不意に視界が開け、目の前にトンネルの入り口が現れた。

石材を積まれてできた外壁に苔《こけ》が夥《おびただ》しく繁茂し、ぽっかりと口を開けた闇の向こうから、今にも何かが飛び出してきそうだ。

撮影者はそこで一旦カメラを構え直し、ふうっ、と大きく息を吐いた。

そうしてトンネルの中へと歩みを進めていく。

ほんの一瞬、入り口の脇に立て看板らしきものが見えたが、書かれている文字は判別できなかった。

トンネルの内部は、ただひたすらに暗かった。時折、懐中電灯の光が壁を照らしはするものの、これといっておかしなものが映り込むでもない。

足場が悪いのか、それとも撮影者が酒でも飲んでいるのか、右に左にぐらぐらとカメラが揺れる。

暫《しばら》くその映像に集中していた都甲さんは、次第に画面酔いで気分が悪くなってきた。

これ以上視聴を続けたところで、何事か面白い展開を期待できそうにもない。

大方、あの先輩が心霊スポットかどこかで撮った映像を、裏ビデオと称して売り捌《さば》いていたのだろう。

流石にもう無理だとなってビデオを停止しかけたところ、またしても懐中電灯がトンネルの壁を照らした。

そこに文字が書かれていた。

二〇〇×年八月一六日
ワタシはトコウソウスケに殺された
ひとごろし
ゆるさない

赤いスプレー缶で書かれた、心霊スポットによくある虚仮威《こけおど》しの落書きに見える。

が、それを目にした瞬間、都甲さんは背中を冷たい手で撫でられたような気がした。

トコウソウスケ？　都甲宗介？

俺の名前じゃないか……。

テープを巻き戻して確認したが、間違いない。

確かに「トコウソウスケ」とあった。

不可解なのは「二〇〇×年」という日付で、それは当時から数えて七年後のものだった。

偶然にしても気味が悪く、ビデオテープはすぐに捨ててしまった。

後日、先輩からは「見たか？」と訊かれた。曖昧に返事をしたら、その後も何度か裏ビデオを押し付けられたらしい。

但し、そんな妙なビデオは一度きりだった。


時は経ち、七年後の八月一六日。

その日、都甲さんは交際相手の女性が他の男性とラブホテルから出てきたところを狙いすまし、二人に詰め寄った。

懐にはホームセンターで買った柳刃包丁を隠し持っていた。

が、揉み合いになった挙げ句、都甲さんは転倒、思いがけず自身の腹部に包丁を突き立てることになり、不名誉にも間男《まおとこ》の通報によって病院に搬送されてしまう。

救急車を待つ間、交際相手は大声で泣きじゃくっていた。

激痛に悶え苦しみながらも都甲さんは、彼女がこんなことを喚き立てるのを聞いた。


「違うって！　そうじゃなかったでしょ!!」

「どうしてこうなるの？　ダメだよそれ!!」

「何であんたひとごろしにならないのよ!!」


恋人とはその後、弁護士を通してしか連絡を取り合っていないため、言葉の真意については確認できていない。

二十年近く経った現在でも、都甲さんは彼女の裏切りを許せずにいる。

あのときに戻れるなら、次はより確実な方法で殺害に及ぶだろう。

だが、それはまだ良い。

一番許せないのは、自分が「ひとごろし」になれなかったこと。

そのせいで何かとても大切な約束を違えてしまったような、そんな慚愧《ざんき》の念を今も拭い去れないのだ、と都甲さんは語った。

カミキリムシ

フリーライターの小酒井さんは映研出身、年間二百本は映画を観るという、所謂《いわゆる》「シネフィル」である。

数年前、そんな彼がとある名画座で七十年代ホラー映画のリバイバル上映を観ていたら、オープニングから十分程経過したところで、右隣の席に誰かが腰掛けた。

「はあ、どっこい、しょっと!」

上映中にも拘らず、そんな無遠慮な声を上げる。

ムッとした小酒井さんが横を見れば、坊主頭に作業着姿の男性だった。年齢は四十代後半から五十代半ばくらいだろうか。

男からは、汗とアルコール、そして濃密な腐葉土の匂いがした。

「あー、しんど」

「ふうう、やだやだ」

「ったくよお、はあ」

男は頻繁にそんな言葉を漏らしていたが、小酒井さんはあまりの恐ろしさに注意はおろか、その場を離れることすらできなかった。金縛りにでも遭ったように、身体が硬直して動かない。

男の左肩――つまり小酒井さんの側だ――には、巨大な昆虫がしがみついていた。

カミキリムシによく似た虫だった。

紡錘《ぼうすい》形の真っ黒な体躯。胡麻を散らしたような斑点。左右後方にまで伸びた眼。四角い顔の下部からは、巨大な牙（大顎）が覗いている。

よくできたフィギュアだと、最初、小酒井さんはそう思った。

が、そのカミキリムシみたいなものは、自身の体長と同じくらい長い触覚をピクピクと小刻みに振動させていた。

たまにそれが小酒井さんの頭や肩、二の腕に触れ、そのたびに鳥肌が立つ。生きた心地がしなかった。

シュッシュッ。

ギギ、ギギギ。

そんな鳴き声――実際は胸と腹を擦り合わせて出す威嚇音だろう――が、時折、小酒井さんの耳に届いた。

九十分の上映時間がただただ長く感じられた。

本編が終わりエンドクレジットが流れ、劇場に明かりがともる。

その瞬間、小酒井さんは全身に力を込め、座席から身体を引き剥がした。

そうして大急ぎで外に出ると、駅まで全力疾走したという。


最初に、おや？　と思ったのは、友人の一言だった。

「お前、カブトムシでも飼い始めたの？」

自室に足を踏み入れた途端、友人は怪訝そうな表情を浮かべた。

「はあ？　どういう意味？」

だってこの部屋、と友人は鼻をひくつかせ、

「腐葉土みたいな匂いがするんだけど」

そう言って首を傾げた。

小酒井さんはあの晩目にした作業着姿の男とカミキリムシのことを思い出し、血の気が引いたという。

それからというもの、小酒井さんも感じるようになった。

あの日の男と同じ、腐葉土の匂いを、自分の部屋の中で。

加えて。

夜になると部屋のそこかしこから奇妙な音がする。

シュッシュッ。

ギギ、ギギギ。

ベッドの下、天井裏、押し入れの中、カーテンの陰、本棚の背後など、聞こえる場所は日によってまちまちだが、どれだけ探しても音の主の姿はおろか、痕跡さえも見当たらない。

部屋の至るところに芳香剤を置き、消臭スプレーを撒いた。

腐葉土の匂いと相俟《あいま》って、より耐え難い異臭に苛《さいな》まれた。

いよいよ以てこれはダメだ、と小酒井さんは引っ越しを決意した。

貯金を切り崩し、ひとまずは家具付きのウィークリーマンションを契約する。

そこを前哨基地として物件探しに腰を据えようと考えた訳だが、その目論見《もくろみ》はあっという間に頓挫することになった。

シュッシュッ。

ギギ、ギギギ。

居を移した最初の夜、エアコンからあの音がした。

一晩の間に部屋中が腐葉土の匂いに包まれてしまい、小酒井さんは途方に暮れた。

「でも、匂いって案外慣れちゃうんですよ」

Ｚｏｏｍ画面越しに小酒井さんは笑った。

「今ではもう、殆《ほとん》ど気にならなくなりました。相変わらず夜になると音はしますけどね、それだって不眠症になるレベルじゃないんで。耳栓していれば問題ありません」

小酒井さんの表情から、成程、確かに「吹っ切れた」のだなという気配は察せられた。

但し一点だけ、気になることがあった。

いつ訊ねようかとタイミングを窺《うかが》っているうちに、最近観た映画とか読んだ本の話題に移り、結局、機会を逸してしまった。

後日、取材のお礼かたがた、メッセージにて疑問をぶつけてみた。

『ひょっとして部屋だけでなく、小酒井さんからも腐葉土の匂いはするのでしょうか？』

気を悪くされたのか、その後、返信はない。

化茸

先年鬼籍に入られた千住さんのお祖父さんが若い頃、こんな体験をしたそうだ。

昭和初期の話である。


早春の朝まだき、お祖父さんは裏山に山菜を採りに入った。

子供の頃から我が家の庭のように慣れ親しんだ山である。目を閉じていても迷うことはないと自負していた。

滴る汗を拭き拭き藪を漕いでいくうちに、木々の密度が薄い、開けた場所に出る。

木漏れ日が差し込む、居心地の良い空間だ。

昔からお祖父さんは山に入るといつもここで弁当を使った。

用もないのにやってきては、ただぼんやりと煙草を吹かすだけのこともあった。


しかし、その日はいつもと様子が違った。

一本の年経た楢《なら》の木の根元に、蹲《うずくま》る人影がある。

白いシャツを着た男だった。項垂《うなだ》れているせいで顔は見えないが、村の者ではない。

どうした？　と、出かけた声が引っ込んだ。

男の腹部は赤黒い液体に塗れ、力なく垂れた右手には出刃包丁を握っている。

一拍遅れて、腥《なまぐさ》い臭気が鼻をつく。周囲には無数の蝿が飛び交っていた。

こりゃあ大変だ。

お祖父さんはすぐに下山した。が、そうしておっとり刀で駐在を連れて戻ったときには、男の姿はどこにも見当たらなかった。

その代わり、件の木の根元には巨大な茸が生えていた。

肉のような色をしたその茸は、山を知り尽くしたお祖父さんでさえ初めて目にするものだったらしい。

結局のところ、その一件は見間違いとして処理され、暫くの間、お祖父さんは村の笑い者になった。

けれどお祖父さんは晩年に至るまで、

「狐狸《こり》だけでなく、茸も人を化かすんじゃないかねえ」

そんなことを話していたそうである。

影猫

就職を機に都内のアパートに引っ越してきた犬飼さんは、ちょうどその時期から、咳とくしゃみ、鼻水が止まらなくなってしまった。

移動中や職場では何の問題もないのだが、部屋にいるときに限って激烈な症状が出る。

同僚に相談したところ、

「ひょっとしてハウスダストじゃない?」

と言われたので、そうか、と合点がいった。

早速、病院で血液検査を受けてみると、スギとブタクサ、そして猫アレルギーであると判明したそうだ。

猫アレルギーとは意外だったが、今後猫を飼う予定はない。

そもそも犬飼さんは、別段、猫のことを好きでもないのだ。

それにしても、ハウスダストでないなら原因は何だろう?

処方してもらった抗アレルギー薬を飲んだら症状はやや改善したものの、それはそれで釈然としない犬飼さんであった。

犬飼さんには双子の姉がいる。

四国の実家で両親と暮らしているが、好きなロックバンドのライブがあるとかで東京に遊びにきた。

「あ、あたしこの部屋はダメだわ」

ホテル代が勿体《もったい》ないから泊めてくれ、と押しかけてきた姉は、犬飼さん宅の玄関に足を踏み入れた途端、そんなことを言い出した

「だってここ、猫がいるから。あたし、猫アレルギーなの。言ってなかったっけ?」

犬飼さんには初耳だった。

そんなことよりも部屋に猫がいるとは、どういう意味なのか?

「あんたって相変わらず鈍いんだねえ」

犬飼さんの質問を受け、姉は苦笑した。

「夜寝るときに、間接照明か何か点けといてみな。すぐ分かるから」

そのまま姉は「ネカフェにでも泊まるわ」と立ち去ってしまい、犬飼さんは一人、狐につままれたような心持ちで部屋に取り残された。

「間接照明なんて、そんな洒落たもの、うちにはねえんだよ」

ぶつくさ言いながら、犬飼さんは寝る支度を調える。

防災用に買った懐中電灯があったので、電源を入れ、テーブルの上に置いておいた。

そうして横になり、暫くスマホでゲームをしていると、目の端で何か黒いものがちらついた。

そちらに視線をやり、犬飼さんは絶句した。

一匹の猫がそこにいた。

けれどおかしい。

立体感がないのだ。

猫の影だけが、押し入れの襖に映し出されている。

にも拘らず、部屋のどこにも本体は見当たらない。

……どうなってるのこれ？

開いた口が塞がらなかった。

姉が言っていたのは、このことだったのか。

猫の影は四肢をお腹の下に畳み込んだ「香箱座《こうばこずわ》り」の体勢で、犬飼さんのほうをじっと見つめているようだった。影だから目はなく確信は持てないのだが、何となくそんな気がした。

自分は生まれて初めて、幽霊か、それに類するものを見ているのだ。

犬飼さんは妙に冷静に、猫の影、もとい影だけの猫を観察した。

恐ろしいとは感じなかった。

けれど姉に指摘されるまで、こんな同居人の存在に気付きもしなかった自分の粗忽《そこつ》さに、犬飼さんは呆れてしまったという。

となると、例のアレルギーもこいつのせいなのか。

そんな考えがふと頭をよぎる。

バカな、と即座に打ち消した。

アレルギーを惹き起こすアレルゲン物質は肉眼では確認できないが、現実に粒子として存在している。であるからこそ、人間の身体に影響を及ぼすのだ。

その理屈で言えば、今目の前にいる猫の影はどうなるというのか?

影は目に見える。しかし現実に質量を伴って存在する訳ではない。

それは光の進行を物体が遮った結果生じた、単なる現象に過ぎないのだ。

そんなことを考えていたら、何かの香りが鼻を衝いた。

フローラル系の香水か、或いは柔軟剤のようである。

姉の残り香だろうか?

しかし姉は結局、この部屋には一歩も足を踏み入れなかったはずだ。
怪訝に思っていると、目の前をまた別の影が横切った。
女である。
正確には、横を向いた女の影。
ほっそりとしたシルエットで、腰まで髪を伸ばしているようだった。
着ているのは丈長のワンピースらしい。
女の影はうつ伏せた猫に音もなく近づき、愛おしそうに抱き上げた。
一人と一匹の影が一つに重なる。

『あんたって相変わらず鈍いんだねえ』

ああ、そうか、と犬飼さんは思った。
猫がいれば、そりゃ飼い主がいたっておかしくないな……。
猫を抱いた女の影が、彼のほうに顔を向けた。
フローラルの香りが、より濃密になった。
この香りだって粒子だ。

犬飼さんは女から目を離せなかった。

それがある以上、この「人」は確かにここにいるんだ。

香りの波のようなものが犬飼さんに押し寄せた。


翌朝、姉から連絡があった。帰る前に食事でも、との誘いである。

待ち合わせのカフェに着くと、姉はオレンジジュースを飲みながら退屈そうにメニューを眺めていた。

そういえばこの人、珈琲とか紅茶とか、匂いの強いものは苦手だったな。

「昨日、試してみた？」

開口一番、姉はメニューから目を離すことなく訊ねた。

「ああ」

「猫、見つけた？」

「ああ」

そこで初めて、姉は犬飼さんを見つめた。

「ほらね、あんたマジで鈍すぎるって」

言いながら姉はほんの少し眉を顰《ひそ》め、くんくんと鼻をひくつかせる。

「あれ？　あんた、香水か何か付けてる？　フローラル系の。あたし化学物質過敏症なんだよ。言ってなかったっけ？」

「いや、付けてないし聞いてない」

「柔軟剤変えた？」

「変えてない」

「ふーん」

姉は少しの間犬飼さんを眺めていたが、そのうちに興味を失ったのか、メニューに視線を戻した。

「ま、末永くお幸せにね」


犬飼さんは今もそのアパートに暮らしている。

隣の庭に張られたテント

かねてより愛読している朱雀門出氏の『第七脳釘怪談』（竹書房怪談文庫）に、家の玄関先に謎のテントが張られており……という不気味な怪談が収められている。

前掲書が刊行されたのとほぼ同時期に、筆者もまた家とテントにまつわる奇怪な体験談を聞かせていただいた。

以下に紹介するのがそれであるが、朱雀門氏の怪談ともどこか類縁性があるように思われるので、読者諸兄姉におかれては、この二つを読み比べてみるのも一興かもしれない。

四十代の会社員、伊万里さんの自宅は、埼玉県の某ベッドタウンにある。

庭付きの二階建てで、面積はそれなりにあるのだけれど、近所には似た外観の家が多く、酔っているときなどは、つい隣の敷地に入ってしまいそうになるらしい。

その日も、伊万里さんは得意先との懇親会があり、大分飲んでいた。

元々酒はイケる口だ。しかし最近は年のせいか二日酔いの頻度も増えた。いい加減、節度を弁《わきま》えなければと思ってはいても、宴席ではついつい若い頃と同じペースでグラスを口に運んでしまう。

最寄り駅から家まではバスで十分程度だが、最終バスは既に出た後だった。

それで伊万里さんは自販機で買ったミネラルウォーターを飲みながら、ふらふらと千鳥足で帰宅した。

漸《ようや》く我が家に辿り着いた頃には、午前一時を回っていた。

家の明かりは落ちている。

妻と五歳の息子はとうに寝ているはずだ。

ああ、ねむ……と門扉に手を掛けたところで、

「はあ？」

思わず声が出た。

門扉から覗く庭は、綺麗に手入れされ、一分の隙もない。

そこに、オレンジ色のテントが張られているのだ。

テントはパッと見、二、三人用の簡易なものだった。

何これ？　と立ち尽くす伊万里さんの耳に「ふふっ」と小さな子供の忍び笑いのような声が届いた。どうやら中に誰かいるらしい。

テントの布越しに漏れる白っぽい明かりが、芝生に影を落としている。

そこで伊万里さんは勘違いに気付いた。

門扉に掛かった表札には「兵頭」の文字がある。

これ、お隣さんの家だよ……。

酔っているとはいえ、自分の迂闊さに呆れてしまう。

それにしても敷地に入る前で良かった、と。伊万里さんは胸を撫で下ろす。

お隣の兵頭家では、たまに庭でバーベキューをしていることがあった。

休日には健康そうに日に焼けた御主人の運転するミニバンに乗って、家族で出かける姿もよく目にする。

アウトドア好きな一家だから、今度は庭でキャンプの真似事でもしているのだろう。

ああいうのを買ってやったら、うちの子も喜ぶかな。

そんなことを考えながら、今度は間違いなく我が家の門扉を潜った。

妻と息子を起こさぬよう、玄関の扉をそっと開閉し、リビングのソファーに腰掛ける。

残った水を飲み干し、一息ついたところで、妙に胸が騒いだ。

さっきのテント、何かおかしくなかったか?

アルコールの回った頭で先程見たものを反芻《はんすう》し、伊万里さんは叫び出しそうになった。

笑い声だ。

兵頭家には、確かに息子がいる。

確か大学生と高校生の二人兄弟だ。

にも拘らず、聞こえたのは「小さな子供の忍び笑い」だった。

おまけにあのテント、中から明かりが漏れていた。

それなのに、と伊万里さんは唾を飲み込む。

……影が、映っていなかったよな。

つまりこれは、どういう訳なんだ？

納得のいく答えを必死に導き出す。

けれど頭は「正体の分からないものが、兵頭さんの家の庭でキャンプをしている」という信じ難い考えで占められてしまう。

いや、流石に今日は飲みすぎたんだ、と伊万里さんは結論付けた。

そうする以外に、逃げ道がなかったのだ。

いやはや、酒で幻覚を見るなんて、生まれて初めてだ。

自分にそう言い聞かせはするが、膝から下がガクガクと小刻みに震えている。

何とか立ち上がった伊万里さんは、シャワーも浴びず二階の寝室へと向かった。

ベッドでは妻と息子がスヤスヤと眠っている。

二人の寝顔を見つめ、暫し逡巡した後、伊万里さんは窓のカーテンを開いた。

寝室の窓からは、兵頭家の庭が見下ろせる。

幻覚だ、幻覚。

そうに決まってる。

薄青い月明かりの下、オレンジ色のテントは、まだそこにあった。

先程と同じように、中からはやはり白い光が漏れている。

笑い声を拾うことこそできない。しかしテント内に何らかの光源があるのは間違いない。

影は、映っていなかった。

あの笑い声は、きっとあれだ、中でラジオでも点けっぱなしにしていたんだろう。

無理にそう思い込もうとするが、次第に呼吸が浅く、動悸が激しくなってくる。

ただのテントに、俺は何をビクついているんだ?

バカバカしい。もう寝るぞ。

カーテンを閉めかけたところで、伊万里さんは硬直した。

見たのだ。

テントから出てくる、そいつの姿を。

幼児か中型犬くらいの大きさをした、何かだった。

伊万里さんの位置からは、まばらな毛髪が生えた後頭部と骨の浮き出た背中、肉を削がれたように貧相な尻が認められる。

幸いなことに、顔は見えなかった。

そいつは不自然に折れ曲がった四肢を、まるで平泳ぎでもするみたいに動かして、ずるずると庭を這いずり出した。

恐怖と、それに勝る嫌悪の念が伊万里さんの肌を粟立たせる。

次の瞬間、視界の隅で、別の何かが動いた。

伊万里さんは必死に悲鳴を押し殺した。

同じのが、もう一体いた。

そいつらは見るに堪えない奇怪な蠕動《ぜんどう》を反復し、ついには庭の中央で合流すると、思いがけず俊敏な動作で重なり合った。

そうして上に下に、体勢を交互に入れ替えつつ、いつ果てるとも知れない、身の毛のよだつ行為を伊万里さんの眼下で繰り返すのだった。

カーテンを閉めた。

翌朝から伊万里さんは体調を崩した。

二日酔いかと思いきや、高熱と全身の倦怠《けんたい》感、関節痛が酷く、病院を受診したところ、季節外れのインフルエンザと診断されてしまった。

薄気味の悪い夢を何度も見た。

オレンジ色のテントが張られた兵頭家の庭を、あいつらが這い回っている、そんな夢だ。

ぐっしょりと汗をかいて目覚めると、伊万里さんは決まって寝室のカーテンを開け放つ。

庭に、テントはない。

無論、あいつらの姿も。

しかし、オレンジ色のテントとあいつらの姿が脳裏をよぎるたび、足先から無数の虫が這い上がってくるような不快感に見舞われる。

加えて、伊万里さんには気になることがあった。

以前はまめまめしく手入れされていた兵頭家の庭が、荒れてきたのだ。

あの晩から半年経った今では、雑草が伸び放題になっている。

いつの間にかあちこちの庭土が掘り返され、まるでクレーターのような有様だった。

窓からは時折、風に乗って、吐き気を催す腐敗臭が流れ込んでくる。

生ごみを埋めているらしい。

二人の息子は、ここ最近、姿を見かけない。

つい先日、家の前に救急車が停まっていた。

運ばれていったのは奥さんだ。

付き添いもせず、薄汚れた下着姿で救急車を見送った御主人はげっそりと痩せ、顔色は傷んだ茄子のようだった。

伊万里さんは今でも、悪夢にうなされた翌朝には、窓から隣家の庭を見下ろしてみる。


庭に、テントはない。

無論、あいつらの姿も。


穴ぼこだらけの死んだ庭が、ぽっかりと広がるばかりだ。

流星8号

美容師の流星君は、専門学生の頃、とある女性のツバメをしていたことがある。最近はママ活とかいうらしいが、いずれにせよ、恋人同士のように食事やデートをしベッドを共にして、少なくない額の金銭を得ていたのだ。

その女性――和恵さん――とは、マッチングアプリを通して知り合った。

化粧品の輸入販売を営む五十代の女性で、だからなのか肌に艶があり、身なりにも気を遣っていた。尤《もっと》も、流星君にとっては母親程も年の離れた相手である。恋愛感情などは芽生えるべくもない。

初めて顔を合わせたときに和恵さんが、

「あなたと同い年の息子がいるの」

と話していたことを流星君は覚えていたが、あまり触れないほうがいいかなと思い、こちらから話題を振ることはなかったそうだ。

ある日、流星君が出先で時間潰しにカフェに入ったら、偶然、その和恵さんが自分と同じくらいの年格好の若い男とお茶をしているところを見かけた。

彼女が他にツバメを囲おうが、流星君としてはジェラシーを感じることもない。とはいえ好奇心には抗えず、二人の様子をこっそり窺ったのだという。

男の顔を一瞥《いちべつ》し、流星君は我が目を疑った。

自分に瓜二つなのだ。

髪型に着ている服、猫背気味の姿勢から話すとき笑うときの表情筋の動きまで、そっくりそのままコピーでもしたかのような具合だった。

俺には生き別れた双子の兄弟がいたのか。

本気でそう思った。

他人の空似という言葉で片付けられるレベルではない。

パニックになりかけながらも、流星君は店を後にした。

電車に乗り、何とか思考の糸を紡ごうと試みる。

世の中には自分と同じ姿の人間が三人はいるという。

或いはまた、二重身は死の兆しとも狂気の顕《あらわ》れとも。

俺は死ぬのか？　それとも頭がどうかしてしまったのか？

訳が分からん。気持ち悪い。今日はさっさと家に帰って休もう。

最寄り駅を出て家までの帰路を歩いていたら、突然、背中に衝撃が走った。

前につんのめる形で二、三メートルばかり弾き飛ばされ、地面に腹を打ちつけた。

まるで車に轢《ひ》かれたみたいだと思い振り向いてみれば、目の前に黒いライトバンが停まっている。本当に轢かれたのだと愕然とした。

遮蔽物もないのに、どこに目を付けてるんだ？

憤慨した流星君は何とか立ち上がろうとするも、気持ちとは裏腹に足腰に力が入らない。そうこうしているうちに運転席と助手席のドアが開いて、中から目出し帽をかぶり、細身の黒いスーツを着た二人組が飛び出してくる。

二人組は呆然としている流星君の両脇を抱え、バンの後部座席に押し込んだ。

大声を出しかけたところで、腹部を殴打される。息が止まりかけた。

一緒に後部座席に乗り込んだ男は、握り手の付いた円筒形の黒い皮筒みたいなものを持っていた。昔漫画で見た、拷問用の凶器によく似ていた。ブラックジャックとかいう奴だ。

あまりの恐怖に口も利けなくなっていたが、急発進したバンの中で流星君は手錠と目隠しをされ、猿轡《さるぐつわ》を噛まされた。

二人組は無言のまま、車を走らせた。時間の感覚は完全に失われていた。

俺は一体どうしてこんな目に遭っているのか。

思い当たることといえば、あの自分に瓜二つの男の存在以外にない。

ひょっとして俺は、秘匿された世界の一端を垣間見てしまったのだろうか。

だとしても、こいつらにとってそれがどう不都合なのだろう。

死にたくない、と切に思った。

気が遠くなるほど長い時間、流星君は後部座席に転がされていた。その間、二人組は咳払い一つしなかったという。

車が停車した。外に出されると、木と土の匂いを感じた。

ひんやりと湿った空気が纏《まと》いつく。

山の中だ、と思った。

殺される。埋められる。

死を間近にした恐怖が足先から上ってきて、流星君は歩くこともままならなかった。

両脇に手を差し込まれ、引き摺られるようにして進んでいく。

少し行くと、流星君は尻を思い切り蹴り飛ばされ、前倒しになった。

倒れたところは予想外に柔らかかった。マットか何かが敷いてあるのだろう。

カチッ、と音がして、一拍後、煙草の匂いがした。

もう一人も、同じように煙草に火を点けたらしい。

ナチュラル・アメリカン・スピリット・オーガニック・ミント・ライト。

どちらも流星君と同じ銘柄だ。

「それでこいつは何号ってことになるんだ？」

二人組の一人が初めて口を開いた。

「さあ、9か8か、大方その辺りだろ」

「ちゃんと確認しておけよ、4号」

「バカ、俺は3号だ」

そんなやり取りを聞きながら、流星君はあまりの恐ろしさに失禁寸前だった。

二人の声は、声質も間の取り方も、区別が付かない程よく似ていた。

というか、そっくり同じだった。

流星君の声そのものだった。


「ねえ、ちょっと。聞いてる？　おーい」

目の前で和恵さんが手を振っている。

卓の上には冷めた珈琲と、食べかけのモンブラン。

周囲の音がいきなり耳に押し寄せてきて、流星君は混乱した。

キョロキョロと周囲を見回し、自分が今いる場所に気付く。

あのとき、和恵さんともう一人の自分がお茶をしていたカフェだった。流星君はそこで和恵さんと向かい合い、珈琲を飲み、モンブランを食べている。

いや、おかしいだろ。

だって俺はそのカフェでドッペルゲンガーか生き別れの兄弟か、兎も角、自分と瓜二つの男の姿を見かけて、変な二人組に誘拐されて、そいつらは8号とか9号とか意味不明なことを言って、煙草と声が俺と同じで。

何とか考えを巡らせながら店の入り口に視線を向けると、一人の若い男が、ちょうど外に出ていくところだった。

一目見た瞬間、流星君は息を呑んだ。

髪型に服装、猫背気味の姿勢。

顔は確認できなかったが、少なくとも後ろ姿に関しては自分そのものである。

「ごめん、ちょっと体調悪くて。今日はもう帰っていいかな?」

和恵さんの返事も聞かずに立ち上がり、流星君はふらふらと歩き出した。

喉が渇いて動悸が止まらない。身体中が火照って、熱中症にでもなったようだった。

何も考えたくない。

熱いシャワーを浴びて、さっさと眠りたい。

家に帰るなり洗面所に直行し、服を脱ぎ捨てる。そうして鏡を覗き込み、流星君は悲鳴を上げた。

いつの間にできたものか、右肩の目立つ位置に爛れたような痕があった。

その痕はどこからどう見ても数字の「8」と読め、すぐに受診した病院では火傷、それも煙草による根性焼きの痕だろうと診断されたらしい。

突然帰宅した流星君に気を悪くしたのか、その後、和恵さんからの連絡は絶え、二人の関係は御破算になった。

火傷の痕は、今はもう消えた。

まがいびと

忠信さんが五年くらい前まで勤めていた会社のビルは都心部のオフィス街に位置し、周囲には似た雰囲気の建物が林立している。

彼の会社の目の前、道を挟んで向かい側にもやはり同じようなオフィスビルがあった。

但し、そこの四階（忠信さんの会社と同じ階である）はテナントがしょっちゅう入れ替わり、気付いたときにはもう何カ月も空っぽの状態が続いていたので、忠信さんは訝《いぶか》しく思っていたそうだ。

そんなある日、彼は喫煙室で同僚の貝原からこんな話を聞いた。

「向かいのビルの四階、たまにおかしなもんがいるんだよ」

それは人間というかむしろ人間のまがいものみたいな連中なのだとか。

頭部の下に胴体と手足があり、二本足で歩行する様子は尋常の人間と変わらない。

「なんだけど、それぞれのパーツのバランスが狂ってる訳」

貝原曰く、例えば小枝のように細い胴の上にお化けカボチャじみた巨大な頭が乗っていたり、竹馬みたいに長い足をしていたり、鼻だけが異様に大きかったり。

そんなおかしな奴らが、窓の向こうのガランとした空間を彷徨《うろつ》いているというのだ。

殆どの場合、そいつらは意思もなく、ただふらふらと右往左往しているだけに見える。

けれどごく稀に、故意なのか偶然なのか窓にべったりと顔を付け、こちらに虚ろな眼差しを向けていることがあるらしい。

「そういうときはゾッとするよ。おちおち仕事もしていられない」

貝原は憂鬱そうに溜め息を吐いた。

と言われても忠信さんには訳が分からない。

「何だそれ？　幽霊とかお化けとか、そういう話？」

「さあ、知らんよ、そんなこと」

「霊感とかあるの？」

「いや、ないと思うね」

言いながら貝原は灰皿で煙草を揉み消し、二本目に火を点ける。

テナントの入れ替わりが激しいのも、まさかそのおかしな連中のせいなのか？　とは忠信さんも考えないではなかった。

けれど貝原以外の人からそんな話を聞いたことはない。普通に考えれば、単に彼の精神が疲弊しているということになるだろう。

そういやこいつ、ちょっと神経質なところあるからな。

「まあ、何にせよ不気味な話だねえ。怖い怖い。じゃ、俺は先に戻るから……」

と忠信さんがドアに手を掛けたところで、

「だからこうして煙草を吸ってるんだ」

貝原は一言ぼそっと呟いて煙を吐き出した。

あ、今もいるんだな。

忠信さんはそこで初めて寒気を覚えた。


それ以来、忠信さんは向かいのビルが気になって仕方ない。

殊に貝原が席を立ち、トイレだか喫煙室だかに行った際には、「ひょっとして……」と窓の外を窺ってみるのだが、話に聞いたおかしな連中の姿は一度も確認できなかった。

喫煙室での一件から暫くすると、貝原は会社を休みがちになった。

心の病を患い休職も視野に入れているようだ、との噂も小耳に挟んだ。

要するに、と忠信さんは思った。

向かいのビルの人間もどきというのは、貝原の脳が生み出した幻だったのだろう。

そんなふうに思っていたら、白昼、当のビルで小火《ぼや》騒ぎが起きた。

幸いにもすぐに消し止められ、怪我人は出なかったものの、火元は例の四階だったと聞いて、忠信さんは言い知れない不安を覚えた。

聞いた話では、放火の疑いもあるとのこと。

貝原は欠勤が続き、いつの間にかデスク周りが整理されていた。

精神の平衡を崩し、郷里に帰ったとの話だった。

「向かいのビルの放火、もしかしてあれ、貝原の仕業じゃないかな？」

飲み会の席で、同僚の一人がそんなことを話していた。

小火騒ぎの当日、会社近くのコンビニで欠勤続きの貝原を見かけたというのだ。

「スーツじゃなくて私服……っていうか、寝巻きか部屋着みたいなスウェット着て、何だか小汚い格好だったんだけど、間違いないと思うよ」

不穏な空気が、いつしかオフィスに蔓延《まんえん》していた。

貝原が会社を辞めて一カ月が経った。

その出来事が起きた日は、ちょうど繁忙期に当たっていたと忠信さんは記憶している。

社員は皆、各々の業務に忙殺されており、忠信さんも例外ではなかった。

気付けば、時刻は午後十時半を回っていたそうだ。

オフィスにはまだ五、六人の社員が残っていたが、忠信さんは自宅が会社からやや遠く、終電の時間が早い。

流石にもうぼちぼち、と帰り支度を始めた頃である。

同僚の一人が突然、「うわあっ！」と大声を上げた。

「あ、あれ！　あれ何だよ！」

信じ難いといった表情で大きく目を見開いた彼は、窓の外を指差している。

つられてそちらを見やり、忠信さんは仰天した。

向かいのビル、例の四階に人がいる。

それも複数人だった。
四、五、六……全部で八人だ。
よくよく考えてみれば、無人のスペースに電気が点いているはずはない。しかしそのときは何故だかはっきりと視認できた。

そいつらは窓際にずらっと並んで、こちらに顔を向けていた。

「貝原だ……」

と誰かが呟いた。言われるまでもなく、忠信さんも気付いていた。

立っていたのは、貝原だった。

八人が八人とも、貝原だった。

正確には、と忠信さんは述懐する。


貝原の、まがいものでした。


窓に居並ぶ八人の貝原の身体は、それぞれ歪《いびつ》に狂っていた。

ある貝原は、頭部だけが今にも破裂しそうなくらいに膨れ上がっている。

またある貝原は、隣の貝原の頭程の高さに腰があった。

額に第三の目がある貝原、キリンのように長い首をした貝原、顔中のパーツがまるでちぐはぐに配置された貝原、上腕二頭筋が奇怪に膨れ上がった貝原。

貝原貝原貝原貝原貝原貝原貝原貝原。

オフィスは一時騒然となり、中にはスマホで写真を撮る者もいた。

貝原に似た連中は体感にして約一分間、何をするでもなくただぼんやりと立ち尽くしていたが、前触れもなく、右から左に、まるで電気のスイッチを落としたように姿が見えなくなった。

「今の、何……？」

「知らねえよ……」

「あ、写真……見てみますか……？」

写真を撮っていた何人かがスマホを確認したところ、そこにはただ無人の窓が映っているばかりだったという。

おかしなことはその一度きりだったが、忠信さんは程なくして会社を辞めた。


「向かいのビルが気になって仕方なくて、全然仕事に集中できなかったんですよ」

退職の理由について、忠信さんはそう語る。

「あのビルの四階に何か曰くがあったのは間違いないと思います。ただ結局のところ、貝原があそこに魅入られてしまったのか、それとも反対に、貝原のほうがあそこに取り憑いてしまったのか、その判断が付かないんです。思い出すたびにモヤモヤしますよ」

しかし人伝てに聞いたところによると、病も小康を得た貝原本人は、家業の工場を継いで元気にやっているとのことである。

通話

みほのさんが社会人一年目のとき、同じ部署の先輩女性の行方が分からなくなった。

当然、社内は一時混乱に陥った。

みほのさん自身は、その先輩と深い交流があった訳ではない。そもそもあまり人付き合いが得意でないタイプの女性だったから、部署の飲み会などに顔を出すことも稀だった。

恐らくはそれが災いしたのだろう。大人しそうに見えて実はチンピラ紛《まが》いのホストに入れ込んでいたとか、そのために少なくない額の借金を抱えていたとか、そういう悪意ある噂を囁《ささや》く者もいたそうだ。

皆、薄情なものだな。

というふうに思っていたみほのさんも日々の業務に忙殺され、行方不明の先輩のことなんかすっかり忘れてしまう。

入社以来、会社の業績は右肩下がりで、ただでさえ雰囲気の良くなかった職場環境は、より殺伐《さつばつ》としたものになっていった。

三年目に、みほのさんは転職した。

月日は流れ、みほのさんが三十歳になった年。

うららかなある春の日、職場での昼休み中に、こんなことがあった。

その日、みほのさんは月に一度ある昼時の電話番で、彼女以外の社員は全員、外に出払っていたそうだ。

会社の周囲には飲食店が多く、昼食は外で摂る者が過半数である。とはいえオフィスで一人きりになるようなことは、そうある訳ではない。

滅多にない機会にみほのさんはすっかり寛《くつろ》いで、文庫本を読みながら、コンビニのサンドイッチを食べていた。

すると、社の電話が鳴った。

みほのさんは反射的に受話器を取る。

『×川さんのお墓の場所を教えて』

ざざざ、というノイズに混じって、か細い女性の声がした。

「すみません、もう一度よろしいですか?」

『×川○美さんのお墓』

ざざざ。

「大変失礼ですが、電話番号を間違えていらっしゃいませんか？」

『×川○美さんのお墓の場所を教えて』

ざざざざざ。

「あの……」

『教えてよ』

ざざざざざざ。

あ、これ風の音か。

そう気付いた途端、電話は切られた。

「……変なの」

みほのさんは首を傾げつつ受話器を置く。

十中八九、悪戯電話だろう。

×川○美という名に若干の引っ掛かりは覚えたものの、そんな電話のことはすぐに忘れてしまった。

数日後、みほのさんのケータイに以前の会社の同僚から電話があった。

当時は、週末ともなればお互いの家で飲み明かすなど親しい間柄だったのだが、みほのさんが転職してからは、ぱったりと交流が絶えていた人である。

聞けば先日、みほのさん宅の最寄り駅に偶然降り立つ機会があり、懐かしくなって電話を掛けたのだという。

「今もまだあの会社にいるの？」

話の流れでみほのさんが訊ねたところ、同僚は「あれえ？」と素頓狂な声を上げた。

「知らなかった？　あそこ三年前に倒産したよ」

「えっ？」

寝耳に水だった。

「あの社長、物凄いワンマンだったじゃない？　そのせいで社内にもモロにパワハラ的な気風が漲《みなぎ》ってて」

そうか、そうだったな……と、みほのさんはかつてのことを思い出し、暗澹《あんたん》とした気分になる。

「業績が悪くなるにつれて、どんどん酷くなってさ。最後のほうとか、マジで空気サイアクだったんだから」

「大変だったね……」

「うん。それでついに……というか、私は当然の帰結だと思うけど」

友人はそこで一度言葉を切った。

「自殺者が出たんだよね」

「えっ？」

「新卒で入ったばっかりの男の子だったの。制作部なのに営業の仕事無茶ぶりされたりして。そんななのに、バカだの使えないだのっていびられて」

「酷いね……」

「遺書にはそのことが全部書いてあったみたい。ニュースにもなったよ？　そしたら今度はあのクズ社長が飛びやがって」

「……うわ」

「ウチらが入社した年にも、行方不明になった先輩がいたでしょ？　当時は好き勝手言われてたけど、今にして思えば、あの人も自殺だったんじゃないかな？　見つかってないだけでさ」

そこまで聞いて、みほのさんは硬直した。

「あれ？　どしたの？」

「ねえ、その先輩の名前、覚えてたりする?」

「えっ、んーと、確か……」

沈黙の後、友人は言った。

「×川さんじゃなかった? ×川○美さん。○美ってあたしと同じ名前だからさ、うん、間違いないよ。どうして?」


ざざざざ。

『×川○美さんのお墓の場所を教えて』

ざざざざざ。


ああそうか、とみほのさんは思う。

私も、皆と同じなんだ。

K鍼灸院

筋トレのし過ぎで腰を痛めてしまった三十代の会社員、順さんは友人の勧めから、鍼灸院に行ってみることにした。

調べたところ、鍼《はり》にも日本式と中国式があり、後者のほうが使用する鍼が太く、所謂ところの「響き」も強烈なのだとか。

最初、日本式を試してみた順さんだったが、快方に向かったかと思えばまたぶり返してしまう。まさしく一進一退。治療の程は、どうにも芳しくない。

それでそこの院長から、自分の友人で中国式の鍼が得意な人がいる、との紹介を受け、S区にある別の鍼灸院を訪れることになったのである。

予約当日、院長からの紹介状を携えた順さんは、東京メトロH線S駅に降り立った。なのだが、久しぶりに訪れたS駅は構内が大幅に改装されており、まるで迷路のようになっている。出口の場所が全然分からない。

焦りつつ構内をうろうろしていたら、漸くそれらしき階段を見つけることができた。良かった良かった、とホッとして外に出たところ、何やら周囲の様子がおかしい。

電車に乗る直前までは心地良い初夏の陽光が降り注いでいたはずなのに、今ではどろどろと不気味な黒雲が空一面を覆っていた。

季節外れの遠雷の音まで耳に届き、いかにも不吉な雰囲気だ。

道行く人の姿もまばらで、どういう訳か皆一様に葬儀の参列者のような黒っぽい服に身を包んでいた。

まるでゴシック小説の導入みたいだ、と順さんは首を捻る。

そういうイベントがあるのかな？　と考えてもみたけれど、順さん自身、そういうイベントとはどういうイベントか、皆目見当も付かない。

ともあれ、予約の時間が迫っている。

順さんはスマホの地図アプリを見ながら、足早に歩いていった。

着いたのは裏通りに面した雑居ビルだった。十階建てくらいのよくある建物で、アプリに頼らなければ辿り着くのは難しかったろう。

エレベーターホールの階数表示を見れば、果たして六階に「K鍼灸院」と記されている。

エレベーターの中は黴《かび》と、線香臭かった。

お灸に使う艾《もぐさ》とは、果たしてこんな匂いだろうか？

知識のない順さんには判別が付かないが、墓場にでも運ばれていくような気がした。

エレベーターを降りた先は沓脱《くつぬ》ぎになっていて、そこでスリッパに履き替える。自動ドアを潜るとすぐ横に受付カウンターがあり、中年の痩せた女性が暇そうに本を読んでいた。鍼灸院らしい術衣を着るでもなく、黄緑のカーディガンに白のブラウスという格好で、しかも読んでいるのは随分昔に連載が終了している青年漫画だった。場末の町中華でスポーツ新聞と一緒に置かれているようなアレだ。

名前を告げた順さんに女性はチラリと一瞥をくれ、無言でカウンター前のソファーを指差した。

首を傾げつつもソファーに腰掛け、院内を見渡す。

順さんから見て右手に人一人がやっと通れる程の細い通路があり、左右がカーテンで仕切られていた。恐らくはそこが施術用のスペースなのだろう。

節電のためか、院内は妙に薄暗い。

エアコンも点いておらず、座っているだけでじわじわと汗ばんでくる。

コトン、と音がした。

ハッと視線をやると、目の前のテーブルに湯呑みが置かれている。

どうも……と声を上げかけて、順さんは事の異様さに気付いた。

受付の女性は先刻から微動だにせず、カウンターの向こうで漫画本を読み続けている。

順さんのほうなど見向きもしていない。

近くには他に人がいる気配とてなく、それならこの湯呑みは誰が、いつの間に運んできたものだろう。

湯呑みの中では薄紫色のとろりとした液体が湯気を立てており、漢方のような匂いがぷんと鼻をついた。口を付ける気にはなれなかった。

駅を出てから、どうにもバカげたことばかりだ。

自分でも知らぬ間に、神経が疲弊しているに違いない。

そんなふうに思っていたら、通路の奥からカーテンを開閉する音が聞こえた。

見れば、こちらはきちんと術衣を着込んだ男性が奥から出てくるところだった。

鼈甲《べっこう》の眼鏡を掛けた、小柄で痩せぎすの男性だった。年齢は受付の女性と同じくらいに見える。というか顔貌《かおかたち》も二人は実によく似ていた。兄妹でも通じるくらいだ。事実、そうなのかもしれない。

男性の案内で、順さんは左手前のカーテンの奥に通された。

中にはベッドと小さなデスクが置かれていた。

衣服を脱ぎ、仰向けに寝て待つよう指示すると、男性は忙しげな様子で出ていった。

言われるがまま肌着姿になってベッドの上に身を横たえた途端、麻酔でも掛けられたように意識が遠のいた。

予約当日、紹介状を携えた順さんは、東京メトロH線S駅に降り立った。なのだが、久しぶりに訪れたS駅は構内が大幅に改装されており、まるで迷路のようになっている。出口の場所が全然分からない。

焦りつつ構内をうろうろしていたら、漸くそれらしき階段を見つけることができた。心地良い初夏の陽光が降り注ぐ中、スマホの地図アプリを見ながら、順さんは足早に歩いていった。

着いたのは裏通りに面した雑居ビルだった。十階建てくらいのよくある建物で、アプリに頼らなければ辿り着くのは難しかったろう。

エレベーターホールの階数表示を見れば、果たして六階に「K鍼灸院」と記されている。受付の若い女性に香りの良い中国茶を供され、暫く待つうちに奥から壮年の男性が出てきた。

白衣に身を包んだ恰幅の良い男性で、いかにも鍼灸師然とした穏やかな印象である。男性の案内で、順さんは右手奥のカーテンを潜る。

中にはベッドと小さなデスクが置かれており、衣服を脱ぎ仰向けで待つよう指示された順さんがその通りにすると中国茶で身体が温まったからだろうかあっという間に意識が遠のいた。

そこで目が覚めた。

シーツも何もない、スプリングが剥き出しになったベッドが一台、石室《いしむろ》のようにがらんどうな部屋の窓際に寄せてある。

順さんはただ一人そこに身を横たえていた。

夕暮れのぼやけた陽射しが窓から室内に注ぎ込み、宙に舞う埃の粒子を浮かび上がらせている。

順さんは頭を振りながらベッドの上で身を起こし、床に脱ぎ捨てられた自分の衣服を、初めて目にする動物であるかのようにまじまじと眺めた。

シャツに袖を通している最中、順さんは今まで自分が寝ていたベッドの枕元に、円筒形の、白く小さな壺が置かれているのに気付いたそうだ。

骨壷みたいだ、と思った矢先、彼の全身に猛烈な痒みの波が押し寄せた。

腕と言わず腹と言わず、遮二無二掻きむしりながら、順さんは部屋の外に飛び出した。

何度押しても、エレベーターのボタンは反応しない。

部屋から音がした。

カサコソと、軽く乾いたものを擦り合わせるような。

順さんはエレベーター脇の鉄扉を開き、階段を駆け下りた。

一階のエレベーターホールに着いたところで「誰だ」と誰何《すいか》する声が聞こえた。

作業着にヘルメット姿の男達が入り口の辺りに立って、信じ難いといった表情で順さんを見つめている。

しどろもどろ事情を説明したものの、そうすればする程、彼らの顔に浮かんだ不審の色は濃くなる一方だった。

幸か不幸か、順さんは酔っ払いか何かと疑われているようである。

救急車を呼ぼうか？　と呼び掛ける声を振り切って、ビルの外に出た。


帰宅後、姿見で確認したところ、身体中に蚊かダニにでも食われたような痕があった。

半泣きで熱い風呂に入り、患部に氷嚢《ひょうのう》をあて、痒み止めの軟膏《なんこう》を塗りたくる。

そうしてやっと痒みのピークが過ぎた頃、スマホに着信があった。

「『K鍼灸院』です」

その一言を聞いて、順さんの血の気が引く。

が、それは単に予約をすっぽかした順さんの身を案じた連絡だった。

適当に言い訳をし電話を切った。

俺、夢でも見てたのかな？

順さんは混乱しつつもスマホの地図アプリを開き、つい先刻まで自分がいたビルを検索してみた。

するとそこは彼がその日訪れるはずだった「K鍼灸院」があるビルとは通りを一本隔てた別のビルで、老朽化のため既に取り壊しが決まった現在では、全フロア空室になっていたそうだ。

もしやそのビルの六階にも、Kという別の鍼灸院があったのでは？

何とか常識的な説明を拵《こしら》えた順さんだったが、事態がこれ以上拗《こじ》れるのはこりごりだったので、夕食も摂らずにベッドに倒れ込み、そのまま朝まで泥のように眠った。


余談である。

その日を境に順さんを悩ませていた腰痛は、すっかり良くなった。

腰痛の快癒に上記の奇妙な出来事が影響しているのかどうかは定かでないけれど、翌日には全身の痒みも虫刺されのような痕も嘘のように消え、結果的に順さんには悪いことなんて一つも起きていない。

更に余談。

取材後に調べてみると、件のビルの六階には以前、とある新興宗教団体の事務所が入っていた。

しかし斯様《かよう》な事実が判明したところで、順さんの体験と関係があるかどうかはやはりさっぱり分からないから、一報告者に過ぎない筆者としてはここで筆を置くほかないのである。

土地

関東地方の某所に今は美容室になっている土地がある。

十年前まではフランチャイズのラーメン屋だった。

ある冬の晩、不審火を出して店は全焼。幸い店主は無事だった。

土地は所謂三角地だったが、大通りに面しており駅からも近い。すぐに次のテナントが入った。チェーンのドラッグストアである。

当時そこで二年程アルバイトをしていた町田さんという男性は、店内でよく同じ女を見かけた。

白髪交じりの蓬髪《ほうはつ》を振り乱した寝巻き姿の女だ。

女は通路を何度も往復しては、ぶつぶつと訳の分からないことを呟いていた。

時折、客の後を付いて外に出ていくことがあった。

しかし数日すると、何事もなかったかのように店に戻っている。

棚の隙間から能面のような顔がこちらを見ていたり、かと思えば倉庫の扉からパジャマの裾だけが覗いていたりする。気味が悪くて仕方ない。

店長に相談したこともあった。

けれど暗い顔で首を横に振った店長は、

「相手にしないほうが良いよ」

とだけ言った。

客の目に付かないバックヤードに盛り塩を置いたこともあったが、何の効果もなかった。

店の裏手に位置する駐車場に女が出るとの噂が立った。

目撃者の証言によればそれは金髪の若い女で、一糸纏《まと》わぬ丸裸という話だった。どうやら店内にいるのとは別の女らしい。

夜間、駐車された車と車の間を、四つ這いで、犬のように歩いていたと聞いた。

その頃から人形が見つかるようになった。

金髪の赤ちゃん人形である。

レジの裏や商品棚の下、在庫を入れた段ボールの中からひょっこりと出てくる。どれもこれも同じ人形で、服は着ていなかった。

町田さんがいつものように出勤すると、店の前に数台のパトカーが停まっていた。

詳しい事情までは分からないが、突然バックヤードから飛び出してきた店長が頭から灯油をかぶり、焼身自殺を図ろうとしたという。

幸い近くにいたアルバイトと男性客が取り押さえ、最悪の事態は免れた。

店はすぐに空っぽになり、一月と空けずに新たなテナントが入ることになった。

店長がその後どうなったのかは、町田さんには知る由もない。

次に入ったのは歯科医院だった。

その頃のことをよく覚えているという豊島さんによれば、院長は当時三十代半ばの感じの良い男性だったそうだ。

開業後、一年は何事もなく過ぎた。

けれどそのうちに、またしても奇妙な噂を耳にするようになった。

夜間、誰もいない病院から複数人の笑い声がする。

助けてくれっ！　という男の叫び声を聞いた者もいた。

豊島さんもまたおかしなものを見た。

深夜に病院の裏手を通った際、視線を感じた。

窓に掛かったカーテンがほんの少し捲れて、胡瓜みたいに細く、緑色をした顔が覗いていた。

「ひっ」と声を上げると同時に顔は背後の闇に溶けて消えた。

あんな顔をした人間がこの世にいるはずがないでしょ、と豊島さんは取材中に身を震わせた。

豊島さんの知人でそこの患者だった萬田さんという女性は、待合室で老婆の姿を目撃している。

着崩した浴衣の裾を引き摺りながら、老婆は患者の顔を一人一人覗き込んでいた。サラリーマン風の若い男がチッと舌打ちして、待合室を出ていった。

萬田さんは目を合わさぬよう俯いて座っていた。

痩せた足が前を通りすぎた瞬間、白檀《びゃくだん》の匂いがした。

老婆はそのまま受付カウンターの中に入っていき、女性スタッフの肩に顎を乗せていた。

トイレの隅にボロボロの赤ちゃん人形が転がっているのを見たこともある。

病院も長くは続かず、今度はコンビニエンスストアができた。

萬田さんの長男は当時中学生だった。

部活を終えた彼が小腹塞ぎに肉まんでも買おうとその店に入ると、店内が妙に薄暗い。

五分ばかり漫画雑誌を立ち読みしていたが、空調の調子も悪いのか、生温く黴臭い風が首筋を撫でるので、次第に気分が悪くなってきた。

背後から制服の袖を引かれ、振り向いたら商品棚の間に小学生くらいの女の子が入っていくのが見えた。

会計をしている際、パタパタと店内を走る靴音がした。

「娘です。うるさくてすみません」

初老の店長に謝罪されたが、そうではないだろ、という気がした。

店を出て暫く誰かついてくる気配があった。肉まんは食べずに捨ててしまった。

店長が失踪した。

住んでいたアパートの押し入れから白骨化した女性の遺体が見つかって、ほんの一時、テレビのワイドショーを賑わせた。恐らくは同居していた母親のものだろうと言われたが、その後の消息を聞いた記憶はない。

店長に娘はなかった。

コンビニは閉店し、建物はそのままに残された。

内側が見えないように段ボールで目張りをしていたのだが、夜に前を通るとその隙間から何者かに見られている気がしたという。

誰もいないはずの店内で、パッ、パッ、とオレンジ色の光が明滅するのを見た者がいる。

建物の取り壊しが決まった際、近隣住民の誰もがこのままでは済むまい、と思った。

予想に反して工事はスムーズに進んだものの、数年間、更地のまま放置された。

近くの飲み屋で知り合った荒川さんは言う。

「地元の人間は皆、曰くを知ってるからね。おっかなくてしょうがない」

とはいえ「曰く」とは何だろう。

奇妙な出来事が起きるようになったのはラーメン屋の火災に端を発する。しかしその一件で人死にが出た訳ではない。

荒川さんの話では、元々そこには平屋建ての古い一軒家があったという。

老夫婦と中年の娘が三人で暮らしていたが、近所とは没交渉だったため、詳しいことは分からない。一家はいつしか姿を消し、家は取り壊されて更地になった。

その更地にラーメン屋が建った。次いでドラッグストアが。歯科医院が。コンビニが。

そうしてまたまっさらになった土地に美容室ができた。

小泉さんは一度だけその美容室を利用したことがある。

鏡に映るスタッフの顔が、たまに別人のものになるのが嫌だった。

ひとだま

二十年来の友人、祖父江から聞いた話。

詳しい場所は伏せるが、千葉県某所の出来事である。

「いつの頃からか忘れたけど、散歩中によく見かけるようになったんだよね」

近所にある古いアパートの前に、それは置かれていた。

縦半分に割った牛乳パックの底を小石で固定し、内側の白い部分にサインペンでこんな文字が書いてある。


『犯ざいシャの通りぬけキン止!!』


一目見て、頭がおかしいなと思った。

「おまけにそのアパート、人の出入りが全然ないの。カーテンの掛かってる窓すらなくてさ、まるっきり廃墟同然」

けれど、前を通るたびに、牛乳パックは新しくなっていた。

一度だけ、祖父江はアパートの前で箒《ほうき》とちりとりを持った老婆の姿を見かけている。

ガリガリに痩せた怪鳥《けちょう》のような風貌で、寝巻きの前からは萎《しな》びた乳房が覗いていた。

「お父さんの骨壷にねえ、誰かがおしっこをしていくんだよ……。犯罪者め……。畜生、見つけたら、絶対にただじゃおかないから……。あたしを舐めたらどうなるか、目にもの見せてやるから……」

何もない空間に、老婆はそんなことを喋り続けていたそうだ。

ああ、あの牛乳パックはこの人の仕業だな。

触らぬ神に……と踵《きびす》を返しかけたところで、老婆がこちらに顔を向けた。

目を合わさぬよう足早に通りすぎ、少し歩いてから振り返ると、老婆は物凄い形相で祖父江を睨みつけていた。

もうここに近づくのはやめよう……。

鳥肌の立った二の腕を摩《さす》りながら、祖父江は家路を急いだという。

「まあそれだけなら、単におっかないボケ方をした婆さんがいるって話なんだけどなあ」

同居している両親にそのことを話したところ、二人揃って首を傾げた。

「あそこのアパート、随分前から人は住んでないんじゃないか？」

「そのお婆ちゃんって、もしかしてカネイさんじゃないの？」

「いや、あの婆さん、痴呆が大分進行したとかで、倅《せがれ》に引き取られたはずだろ？」

「おかしいわねえ。また一人暮らし始めたんじゃない？」

「バカな。そもそも建物自体の取り壊しも決まってるって話だぞ。今あのアパートには誰も住んじゃいないよ」

話を聞いているうちに祖父江は何だかもう面倒になってきてしまい、件のアパートと老婆のことについては、考えるのを放棄してしまった。


父の言った通り、アパートは半年もせずに取り壊され、跡地は駐車場になった。

「ただね、問題はむしろそれからなんだ」

駐車場ができてすぐに、利用者の老人がブレーキとアクセルを踏み違え、通行人の女性を跳ね飛ばすという事故が起きる。

間を置かず、そこで煙草を吸っていたサラリーマンが殴り合いの喧嘩に及び、倒れた拍子に後頭部を地面に打ちつけた一人が頭蓋骨を粉砕骨折する大怪我を負った。

そんな騒ぎから程なく、今度は不審者の情報が舞い込んだ。

何でも駐車場の前を通り掛かった小学生の男児が、黒いベンチコートを着た男に、

「壺に小便したのは貴様か?」

「犯罪者は人相で分かるから」

などと声を掛けられる事案が発生したらしい。

「そんな出来事が、ちょっとの間に立て続いた訳。流石におかしいだろ、これは」

あの駐車場には、呪いか、或いは祟りのような人智では計り知れない力が働いているのでは？

近隣住民の中には、そういった流言めいたことを囁く者も出てきたそうだ。


そんなある日曜の夕刻。

近所を散歩していた祖父江は、曲がり角から飛び出してきた三人の子供達と鉢合わせた。男の子が二人、女の子が一人。ランドセルを背負っていることから小学生と知れる。体格から察するに、小学二、三年生といったところだろう。

子供達は祖父江の姿を認めると、まるで事前にそういうフォーメーションを決めていたような俊敏な動きで彼を取り囲んだ。

「ど、どうしたの？」

戸惑いながら祖父江が訊ねたところ、

「ひとだま！　ひとだま！」

「真っ白で風船みたいなの！」

「駐車場のほうからふわふわ飛んで、こっちに来たの！」

祖父江はドキリとした。

例の駐車場があるのは、確かに今子供達がやってきた方角だ。

ひとだまなんてものが本当にあるのかな……？

とそんなふうに好奇心をそそられはするものの、あの日の不気味な老婆の姿をどうしたって思い出してしまう。

おまけにそこは、事件や事故が連続している不吉な場所である。怪談作家なら話は別だが、生憎《あいにく》、祖父江は大の怖がりだった。

わざわざ好きこのんでおかしな事態に首を突っ込むことはあるまい。

そう判断した祖父江は、

「ごめん、おじさん急いでるんだ！」

と囲みを無理に崩し、その場を離れようとした。

が、子供達は尚もしつこく食い下がる。

「ひとだま！　ねえ、ひとだまなんだって！」

「こっちこっち！　おじさん早く来てよ！」

そんなことを喚き立てるばかりで一向に諦める気配がない。

かくなる上は、と祖父江は腹を決め、全力で駆け出した。

彼は高校時代、陸上部の短距離ランナーだった。本気になれば小学生など到底ものの数ではない。

「ひとだま！　ひとだま！」

見る見るうちに、子供達の声が遠ざかっていった。

「まあ余裕で振り切ったんだけど、家に帰ってから、あれ？　って思ったんだよ」

日曜の夕方に、どうしてランドセルを背負った小学生があんなとこ彷徨いてるんだ？

たまたま登校日だったとか行事があったとか諸々の可能性は考えられるが、ひとだまなんて言葉を耳にしたこともあり、酷く胸騒ぎがした。考えれば考える程、胸中に不安が広がる。

そんなときに限って、両親は留守だった。

今日はもう飲んじゃおう。

そう考えた祖父江は冷蔵庫からワインボトルを取り出した。ソファーに腰掛け、つまみもなしにグラスを呷《あお》り始めたところ、喉に違和感を覚えた。おや？　と思っているうちに違和感が痛みに変わり、ついには全身が発熱してくる。

まずい、これは風邪引いたな……。

立ち上がっただけで、ぐらぐらと視界が揺れた。幾ら何でも症状の悪化が早過ぎる。

コロナかもしれない、と祖父江は思った。

ここ最近、家族以外との接触は殆どなかった。とはいえ現状、いつどこで感染するかなど分かったものではない。

体温計を探すのも億劫《おっくう》な倦怠感に全身を覆われ、祖父江は二階の自室で横になることにした。

ふらつきながら階段を上り、部屋に辿り着く。服も脱がずにベッドに倒れ込む。

一瞬で眠りに落ちた。

どれだけ時間が経ったか分からない。

「ひとだま！　ひとだま！」

突然、部屋中に大声が響き渡った。

うおおっ！　と跳ね起き声のするほうを見て、祖父江は愕然とした。

さっきの子供達が部屋の窓にべったりと顔を押し付けていた。

「ひとだま！　ひとだまなんだって！」

「おじさん！　ひとだま飛んでるよ！」

「ひとだま！　ひとだま！　ひひひ！」

いつ果てるとも知れない「ひとだま」のリフレインを浴びながら、ゆっくりと、祖父江は意識を失った。

「目が覚めたら、朝だった」

熱はすっかり引いており、泥のように眠ったおかげか、体調はむしろ良かった。

昨日のあれは、夢だったのだろうか？　とそう考えてはみるが、それなら一体どこまでが現実で、どこからが夢なのか、まるで判然としない。

顔を洗いに一階に下りると、廊下で父に声を掛けられた。

「お前……大丈夫なのか？」

「まあ、今は快調だけど、って、あれ？　具合悪いって、俺言ったっけ？」

「いや、そうじゃなくてだな……」

以下は祖父江が父から聞かされた話である。

買い物を終えた両親が帰宅したのは、午後六時半頃。これは恐らく祖父江が自室で寝入った直後のことだろう。

料理好きな両親は、二人して夕飯の支度を始めた。

すると、二階の祖父江の部屋から笑い声がしたのだという。

電話中なのか、それともくだらない動画でも観ているんだろう。

そんなふうに思っていたら、今度は歌声まで聞こえてくる。

御詠歌をアップテンポにしたような、気味の悪いメロディーだった。

「あいつ、酔っ払ってんのか？」

父が料理の手を止めた。二階からは、相変わらず耳障りな歌が聞こえる。

「うるさいなあ。ちょっと注意してくる」

台所を出ようとする父の袖を母が引っ張った。

「どうした？」

「ねえ、この歌、何か変……」

「変って、どこが？」

「分からない？　よく聴いてよ……」

言われて耳を澄ます。

気付いた瞬間、ぶわっと全身の毛穴が開いた。

祖父江の歌声に、何者かが唱和している。

どうやらそれは数人の子供の声らしい。

時折、手拍子の音やくすくす笑いも混じるようである。

呆然と立ち尽くす両親を嘲笑《あざわら》うかのように、その歌は五分かそこら延々と続き、前触れもなくパタリと止んだ。


「それ以来、少なくとも俺自身におかしなことは起きてないんだけどな」

数日後、あの駐車場の目の前で、登校中の小学生の列に暴走車が突っ込む事故が起きた。

死者こそ出なかったが、三人の児童が負傷し、病院に搬送された。

「繋がるようで繋がらない、考える程に気持ち悪い符号なんだよ」

現在、そこは一種の「魔所」として近隣住民に恐れられている。

最近では、ひとだまの目撃情報も耳にするそうだ。

墓バス

整体師の九鬼さんが東京に出てきたばかりのことというから、今から三十年程前の話になる。

九鬼さんは生来おおらかで、親しい友人に言わせると、やや抜けたところがある男性だ。そんな彼が所用で初めて都バスに乗った。

都バスのルートというのは案外に複雑怪奇にできており、都民であってもたまにとんでもない間違いをしたりする。

九鬼さんは、案の定、想定していたのと異なるルートを運ばれて、気付いたときには目的地とはかけ離れたところに来てしまっていた。

駅前など開けた場所の停留所で降りようと考えていたのだが、バスは下町っぽい道をぐねぐねと進んでいき、そのタイミングが訪れない。

とはいえ別段、急を要する用事ではなく、九鬼さんはそんな流れを結構楽しんでいたという。

窓の外に見えるのは、趣があるというよりは、ただ古臭いだけの街並みである。

シャッターの下りた商店や猫の子一匹いない公園の前を、バスは通りすぎていく
乗客は徐々に減っていき、いつの間にか、車内には九鬼さんがただ一人残された。

都内にもこんな静かなところがあるんだな。

車窓を流れる景色を物珍しく眺めていたら、そのうちにバスは小さな橋を渡った。

と、袂《たもと》にある停留所で和服を着たお婆さんが乗ってきて、九鬼さんの隣に座った。

俺以外誰もいないのに、どうしてわざわざそこなんだ？

気になって視線を向けると、目が合った。

七十代くらいの品のあるお婆さんだった。知識がある訳ではないが、着物の仕立ても上等に見える。茶道か生け花の先生のようだ。

お婆さんは九鬼さんの顔をじっと見つめて、

「ひょっとしてあなた、サワタリさんの御親類の方ではないかしら？」

そんなことを訊いてきた。

九鬼さんは「サワタリさん」なんて親戚に心当たりはない。

すみませんちょっとよく分かりません、とやんわり否定したものの、お婆さんはすっかり彼を「サワタリさんの御親類の方」と思いなしてしまったらしい。

「こんなところで奇遇ねえ」

「最近は全然お便りもしていないのだけど、皆さんお元気かしら？」

「人に歴史ありでね、昔は色々あったものなのよ」

などと話をどんどん進めていってしまう。

最初は否定していた九鬼さんも次第に億劫になってきて「はあ」とか「ええ」とか、いい加減な返事を繰り返していた。

バスが停車した。

「さあ、着きましたよ」

お婆さんは言って、九鬼さんの袖をくいくいと引っ張る。

窓外に目をやれば、そこは東京に不案内な九鬼さんでも名前くらいは聞いたことがある、有名な霊園の入り口だった。

こんな場所に用はないんだけど、と頭では思っている。しかしお婆さんに手を取られた瞬間、九鬼さんは酸欠にでもなったかのようにボーッとしてしまい、そのままバスの外に連れ出された。

入り組んだ墓地の道を手を引かれながら歩くうちに、九鬼さんは方向感覚を失した。

先を行くお婆さんは、

「漸く会えるわねえ」

「久々の再会だから」

「あなたも心待ちにしていたでしょ？」

何が楽しいのか満面の笑みを浮かべつつ、途切れなく話し続けている。

十分程歩いたところで、お婆さんは足を止めた。

苔生《む》した墓石があった。

長らく放置されていたらしく、花立と水鉢に濁った水が溜まっている。

立てられた卒塔婆《そとば》も朽ちかけ、棹石の文字すら不鮮明に掠れていた。

「ほら、さっさと前に出るんだよ」

急にぞんざいな口調になったお婆さんに押されて、九鬼さんはよろよろと墓石の前に跪《ひざまず》いた。

そうしてその墓を見つめていたら、胸中に物凄い慚愧の念が押し寄せてきて、九鬼さんは肩を落とした。

「……申し訳、ありません……。切に、切に、済まなく、思っています……。どうか……何卒、御容赦……御容赦ください……」

地面に頭をごりごりと擦り付け、九鬼さんは嗚咽《おえつ》した。

「まだまだ、こんなもんじゃ『おあいこ』にはならないってさ!」

背後で老婆が笑った。

気付いたら九鬼さんは一人、土手の斜面に蹲っていた。

頭がぼんやりして、永い眠りから覚めたばかりのような倦怠感がある。

目の前の地面にはこんもりと赤土が盛られ、その上に雑草と草の実で稚拙な目鼻口が象《かたど》られていた。

ああ、これが「サワタリさん」だ。

ごく自然にそんなことを思った。途端、全身を串刺しするような恐怖が伝い走り、九鬼さんは慌ててその場を離れた。

土手の上に出て初めて分かったのだが、そこは彼の家から徒歩で五分と離れていない川沿いの道だったそうだ。

その年のお盆休みに帰省した際、九鬼さんは、祖母に「サワタリさん」という親戚について訊ねてみた。

すると確かに同じ名前の人が遠縁にあり、祖父のそのまた祖父が健在だった頃までは懇意にしていたのだ、と聞かされた。

が、何代前かの「サワタリさん」に、家宝の刀だか壺だかを盗まれたらしく、以来、両家は絶縁状態にあるという。

人伝てに聞いたところでは、「サワタリさん」はその後、事業に失敗して没落、隆盛を誇っていた往年の面影は完全に失われているのだが、彼らのほうではそれを九鬼家の呪いのせいだと公言して憚《はばか》らないのだとか。

そんな訳だから、「サワタリさん」は今でも虎視《こし》眈々《たんたん》と九鬼家に復讐する機会を狙っており、盗っ人猛々しいとはまさにこのことだ、と祖母は大変に立腹し、興奮が祟ったのか、その晩、卒中で帰らぬ人となった。

祖母の葬儀の席で九鬼さんは、バスの中で会ったあのお婆さんによく似た人を見かけた。

しかし一瞬目を離した隙にその姿は消え失せてしまい、芳名帳にも該当するような名前は確認できなかったとのことである。

別居中の絵葉書

別居中、夫からは毎日、絵葉書が届いた。

ポイント稼ぎしちゃって、と夏希さんは冷淡に構えていたのだが。

「パパ、お絵描き上手ねえ」

三歳になる娘さんは、実に嬉しそうだった。

確かに、あの人がこんなに絵が上手いなんて知らなかったな。

夏希さんもそこは素直に感心していた。

飾り気のない官製葉書に、季節の訪れやその日あったこと、母子の健康を気遣う文言が並んでいる。

その下に描かれたイラスト――デフォルメされた動物やアニメのキャラクターが主だった――は、どれもこれも玄人はだしの腕前だった。

別居して半年が経った。

弁護士の仲介もなく夫婦でやり取りができるようになった頃には、夏希さんの気持ちもやや軟化していた。

「絵葉書、いつもありがとう。あんなに絵が上手なんて、全然知らなかったよ」

久しぶりに会ったとき、そう礼を伝えた。

すると夫は怪訝そうな表情で、夏希さんの顔をまじまじと見つめた。

「葉書は毎日出しているけど、絵なんて描いちゃいないよ」

そんなバカな、と夏希さんは反論した。

「いやいや、俺、昔から絵だけは壊滅的にセンスないんだよ。恥ずかしくって、見せられたもんじゃないから」

言われてみれば、と夏希さんは思った。

交際期間を含めた七年間で、夫が絵を描いている姿を見たことは一度もない。

「それじゃあ、あれって……」

帰宅後、送られてきた絵葉書を一枚一枚確認したものの、夫の言う通り、どこにもそんなイラストは描かれていなかった。

「パパのお絵描き、どこ行っちゃったのお？」

涙を浮かべる娘の頭を撫でながら、夏希さんは首を傾げた。

更に一年後。

夏希さんは同居を再開した夫と二人、引っ越し先で段ボールの荷解きをしていた。

すると、娘の玩具を入れた箱の底から、一枚の葉書が出てきたそうだ。

宛先も差出人も空白の、飾り気のない官製葉書。

象形文字じみた記号が書き連ねられた左下に、絵が描かれていた。

ああ、そうだったのか。

一目見て、夏希さんの目頭が熱くなった。

描かれていたのは、全身を疥癬《かいせん》か吸盤のようなものに覆われ、四肢の代わりに幾本もの触手を生やした、猿と蛸《たこ》の合いの子のような生き物だった。

涙が溢れて止まらなかった。

この人の想いに、私はこれまで気付かずにいたんだ。

胸が張り裂けそうに苦しく、夏希さんはその場に跪いた。

ごめんなさい、ごめんなさい。

夏希さんはただそう繰り返した。

別室で夫が呼ぶ声がした。

「その絵葉書ですか？　とっくに燃やしちゃいました」

と、夏希さんは悪戯っぽい笑みを浮かべた。

「だって、夫に見つかったらまずいでしょ？　あの人、ただでさえ嫉妬深くて、別居中、ずっと私の不倫を疑ってたらしいですよ。誰か他の男に、私が抱かれてるんじゃないかってやきもきしてたんですって。低俗ですよね。肉と肉の重なり合いでしか男女の関係を定式化できない男って、本当に嫌。……あ、絵葉書の話でしたよね？　御心配なく。燃やした灰はちゃあんと水に溶かして飲みました。だから……」

次はきっと男の子、と目を細めた夏希さんから、取材後、メールが届いた。

第二子御懐妊との、喜ばしい知らせであった。

病膏肓《やまいこうこう》

あなたは今、怪談本を読んでいる。
あなたは怪談本の熱心なファンである。
或いはそれほどではないが、たまに手に取っては日々の無聊《ぶりょう》を慰めている。
実のところ、怪談なんて好きではない。諸般の事情からやむなく読んでいる。
何はともあれ、あなたは今、怪談本を読んでいる。
書店であの不気味な表紙を目にするたび、あなたはうんざりする。
こんなの家に置いとけないよ、とそう思いもする。
それでもつい、あなたはその本をレジへと運んでしまう。
だからあなたは今、怪談本を読んでいる。
あなたの本棚には、選《え》りすぐりの怪談本が揃っている。
それに加えて、稀に、買った覚えのない本が並んでいる。
一冊一冊、記録を付けて管理している訳ではない。
単なる勘違い、ということも十分に考えられる。

けれどある日、あなたは書架に、またしても見知らぬ怪談本を見出す。

著者の名前を確認する。やはり覚えがない。

パラパラと頁を捲る。なかなかに怖そうだ。

あなたはソファーに腰掛ける。又はベッドに横になる。

珈琲か紅茶を淹《い》れる。それともワインか、ウイスキーでも飲みながら？

煙草に火を点ける。スナック菓子の袋を開ける。どうぞ御自由に。

最も寛げる姿勢で、あなたはその怪談本を読み始める。

それは、怖い。予想に違わず。

文章もこなれていて、情景がするすると頭に入ってくる。

身の毛のよだつ恐怖、訳の分からない不条理。

なのだが、どの話も不思議と懐かしい。

ひょっとして自分も、以前にこんな体験をしたことがあったのでは？

封印した記憶、取りこぼされた記憶、ありもしなかった記憶の萌芽が、あなたの中で育っていく。

あなたは今、怪談本を読んでいる。

それも、夢中になって読んでいる。

部屋の外は暗い。明日の朝は早い。

だからそのうちに、睡魔が訪れる。

先を読み進めたい気持ちとは裏腹に、瞼が落ちてくる。

眠りと覚醒の間を、ゆらゆらと往還する意識が薄れ、全身が心地良い浮遊感に包まれる。

床に、ベッドに、テーブルに、持っていた本が落ちる。


「押し入れの戸が開いて、中から男が出てきました」


甘木さんはそう言って、恐らくは無意識に身を震わせた。

子供みたいな顔をした、白いポロシャツに短パン姿の中年男性だった。

シャツの胸の辺りには、べっとりと、真っ赤なシミが付いていていた。

血のように見えた。

男はゆっくりと甘木さんの元に近づくと、床に落ちた怪談本を拾い上げた。

「ごめんよ、これは俺の本なんだ。こうしてたまに、そちらのと混じってしまうんだな」

それだけ言うと、男は押し入れの中に戻っていった。

トッ、と引き戸が閉まる音がして、甘木さんは我に返った。

今のは、夢？
けれどおかしなことに、先刻まで読んでいた怪談本がどこにも見当たらない。
甘木さんは押し入れに近づき、一思いに戸を開いた。
いつもの押し入れだった。
衣類や寝具がぎっしりと詰め込まれ、人が隠れられるような余地はどこにもない。
一度だけ、そんな体験をしたそうだ。
にも拘らず、甘木さんは今でも怪談本を読んでいる。
「まあ、一種の病気ですよね」
それだから、あなたは今、怪談本を読んでいる。

夫

怪談奇談蒐集が趣味の清さんが以前勤めていた日本語学校の同僚に、中村さんという女性がいた。清さんが在職中に退職し、その後はとある宗教法人が運営する大学の事務をしていると聞いていたが、ある日、某ターミナル駅の前でばったり再会した。

「怖い話、好きだったよね?」

挨拶もそこそこに、そんなことを言う。

「そうなんですよ。何かあれば聞かせてください」

「あるといえばあるかな」

「えっ、本当ですか?」

「まあ、そのうちに気が向いたらね。じゃあ私、これから人と会うから」

そんな立ち話をして、後ろ髪を引かれる思いで別れたそうだ。

数日後、清さんのスマホに知らない番号から着信があった。普段そういうのは無視するのだが、そのときに限って何故だか電話を取ってしまった。

「中村幸子の夫ですが」

相手はそう名乗る。言われたところで、一面識もない相手だ。中村さんが結婚していたことすら、清さんは知らなかった。

老人のような声なのが気になった。

中村さんを通してではなく、直接電話を掛けてくる謂《い》われも分からない。

「実は相談したいことがあります。別に解決を求めている訳ではなくて、専門家の意見を伺いたいのです。三十分だけでも、直接会ってお話しできませんか？」

「専門家？」

「ええ、怖い話の」

なんてことを言われたら、気になって仕方ない。

日時と場所を決めた。

が、後日、待ち合わせの時間になっても男は現れなかった。

不都合があったのかと思い電話を掛けたものの、「現在使われておりません」とのガイダンスが流れるばかり。

悪質な悪戯だ、と頭に来た清さんが帰りの電車に乗っていたら、途中の駅で見知った顔が乗り込んできた。

中村さんだ。

こんな偶然があるはずない、と思った。

悪戯はまだ続いているのか？

「旦那さんと約束をしていたんですが、御一緒じゃないんですか？」

訊ねたところ、中村さんの表情が引き攣《つ》った。

「旦那って、誰の？」

「中村さんの」

「何それ？　どういう意味？」

「それは僕の台詞ですよ。待ち合わせをすっぽかした挙げ句、連絡もないんですから。流石にちょっと失礼じゃないですか？」

話が噛み合わないでいるうちに、中村さんの顔色が悪くなってきた。

最後には憤慨した様子で、

「趣味の悪い冗談はやめてよ。私、結婚なんてしてないから」

そう言い捨てて、中村さんは隣の車両に歩き去っていった。

という話を清さんは、やはり元同僚で中村さんのことを知る及川という友人に話して聞かせた。

相槌も打たず、最後まで黙って耳を傾けていた及川は、

「これは俺の胸だけにしまっておくつもりだったんだが」

大きく溜め息を吐くと、こんな話を始めた。

つい先日、及川も通勤電車の中で、中村さんらしき女性を見かけたのだという。

声は掛けなかった。

掛けられなかった。

中村さんの背中に黒いスーツを着た男が負ぶさっていたからだ。

男は小柄な中村さんの首っ玉にしがみつき、髪の毛に顔を突っ込んでいた。顔面が九割がためり込んでいるように見えた。

「それで俺は気付かれないように車両を移動したんだ。中村さんが結婚したなんて話は聞かないが、男関係で問題でもあったんじゃないかな？　別に根拠があってのことじゃなくて、あくまで何となくだけどさ」

話しながら及川は、風邪でも引いたみたいに震えていた。

「何だよその話、気持ち悪《わり》ぃな」

「俺だってそうだよ」

その後は話も弾まず、一、二杯飲んだところで、

「帰ろうか」

どちらともなく言って席を立った。

店を出る直前、黒いスーツを着た男が清さんを追い越して、一歩先を行く及川の首に手を掛けるのが見えたが、あまりの恐ろしさに何も言えなかった。

一瞬、目を伏せた間に、男は消えていた。

後日、及川が自動車事故に遭った。

伝え聞く話によると、赤信号を無視して飛び出したところにトラックが突っ込んだらしい。

即死だった。

首電車

何ですか？　オバケ？　ユーレイ？
ああ、そんなものなら時々見ますよ。別に珍しくもない。
と言っても僕に見えるのは、首だけですけど。
そうそう、生首。

事故頻発の交差点。
心霊スポットと名高い橋の欄干。
一家心中の噂がある家の屋根。
廃神社の手水舎《ちょうずや》。
高速道路の中央分離帯。
これまでに見かけた場所を挙げていけば、キリがないという。

一番多いのは、電車の中かなあ。

疲れてたりね、体調崩しているときなんかに「あ、またいる」と。

面白いのはね、あいつら——って生首のことですけど——決まって網棚の上に乗ってるんです。

考えてみたら電車の網棚って、生首を乗せるのにちょうど良いと思いません？

要するに、その電車が「引っ掛けた」んでしょうね。

モノによっては大分「壊れてる」こともありますよ。

でも、不思議と怖くはないです。

これは誰かの受け売りですが、人間の身体のパーツで一番不気味なのって、手と足なんだそうですよ。

生首じゃね、何だかちょっと作り物っぽいというか、物質感が強すぎるというか。

ほら、ゾンビ映画なんか、もっと強烈なのがゴマンと出てくるでしょ？

はっきり言って、実物はあれ程じゃないです。とっくに見慣れちゃいましたし。

おまけに……。

網棚の上の彼らは、皆一様に目を閉じ、満たされた表情なのだ。

まるで昼寝でもしている塩梅《あんばい》。

実に気持ち良さそうに見える。

全く呑気なもんです。
こっちは仕事に育児に資格の勉強に親の介護に、兎に角時間がないってのに。
正直、羨ましいです。
僕だってあんなふうに生首だけになって、何も考えずに網棚の上で眠っていたい。
ああ、仕事辞めたいなあ。
家族も面倒臭いな、うん。
趣味も資格も全部うんざりですよ。
ああ、死にたい。死にてえなあ。
ってまあ、今はまだそこまでじゃないですけど。
あの生首を見るたびに、そんな気持ちが少しずつ膨らんでいく気がするんです。
あいつら、それが狙いなのかな？　って感じることも、たまにありますね。
だとしたらタチ悪いですよ、生首の癖して。
まあ、それはそれとして。
生首って言葉、怖い話以外で使う機会ないですよね？

緑の巾着

劇団員の亮さんが新宿三丁目の裏道を歩いていたら、目の前の曲がり角から一人の女が飛び出してきた。

「……そうそう。それの中に緑の巾着を入れておいたからね」

すれ違いざま、女はそんなことを口にした。

緑の巾着ねえ、とその言葉が何故だか耳にこびりついて離れない亮さんが新宿御苑近くの恋人宅を訪ねると、彼女はぐったりした様子の飼い犬を胸に抱き、半狂乱で泣き喚いていた。

見るからに、事切れている。

「喉にこれを詰まらせていたの」

と恋人が差し出したのは吐瀉物《としゃぶつ》に塗れた緑の巾着で、二人ともそんなものにはまるっきり見覚えがなかった。

巾着の中は空だった。

＊

祥子さんの生家には「厠巾着《かわやきんちゃく》」なる怪異が伝わっている。

大晦日の晩、除夜の鐘が鳴っている最中に便所に入ると、そこに巾着袋が転がっているというのだ。

問題なのは巾着の色で、赤とか茶、黄色であれば何ということはない。

けれどももしそれが緑の巾着だった場合、見た人は死ぬか狂うかするとされている。

祥子さんは幸い、緑色に限らず、便所に転がる巾着袋自体を目にしたことがない。

だから所詮、そんなの迷信だとみくびっていたのだが、彼女が大学生の頃にこんなことがあった。

その年の大晦日、紅白歌合戦を肴に大酒を喰らっていた叔父が、

「便所」

と呟いて、ふらふらと立ち上がった。

テレビでは出演者一同による「蛍の光」合唱が始まっていた。

泥酔した父は炬燵《こたつ》で高鼾《たかいびき》、母と叔母、当時は存命だった祖母の三人は、蜜柑《みかん》を食べながら白組陣営の論評に余念がない。

祥子さんも友人とメールのやり取りをしており、誰も叔父のことなんか気に留めていなかった。

ゴーン、と鐘の鳴る音がして、テレビ画面に雪の降りしきる寺社の景色が映し出された。

そのときだ。

「うおおおおおおおおおおおおっ！」

家中に叔父の絶叫が響き渡った。

何事！　と祥子さんが腰を浮かせた直後、襖を蹴破って叔父が飛び込んできた。

「べべべ、便所に！　きんちゃく！　ほら、これ！　緑の！　巾着があっ！」

叫びながら叔父はテーブルを引っ繰り返し、横になっていた父の頭を踏みつける。

そうして畳の上に倒れ込むと、駄々を捏《こ》ねる子供のように手足をばたつかせた。

「ききき、きんちゃく！　ひひひ、見ろよ！　ほらあ！　緑の巾着って！　これのことだからあ！」

どうやら粗相をしたものらしく、叔父からは凄まじい糞尿の臭いが漂ってくる。

我に返った父が叔父を押さえつけ、救急車を呼んだ。

結局その日以来、叔父は完全に正気を失してしまい、二年後に腎不全で息を引き取る日まで、緑の巾着がどうとかいう独り言を終日繰り返していたそうだ。

*

眞子さんの祖母が脳梗塞で亡くなって遺体が荼毘《だび》に付された際、火葬炉から出てきたお骨の上に見たことのない緑の巾着袋が乗っていたので、参列者一同騒然となった。

このような焼け残りも稀にありまして、と震える声で職員が言い、何か汚らしいものでもあるかのように巾着を摘み上げると、そのまま骨壷の中に入れてしまった。

祖母の骨は喉仏も残さず灰になっており、骨上げには難儀した。

ボブ

恭弥さんは以前、バイト先の先輩と行った錦糸町のロシアンパブで非常に不愉快な思いをした。

それで彼はもうロシアンパブなんかに二度と金を落とすものかと憤慨したものだが、その様子を見た先輩は責任を感じたのだろう、もう一軒、今度は女の子がいない店で飲み直そう、と提案してきたそうだ。

恭弥さんは一も二もなく賛同した。

けれどその日は花金で、これはという店はどこも満席だった。

どうしたものかと二人は錦糸町駅の南口、マルイの裏手にある陋巷《ろうこう》を右往左往することになった。

そうしたところ、道の向こうから筋骨隆々のアフリカ系男性が手を振っているのに恭弥さんは気付いた。

「ボブ！」

男性の姿を認めた先輩は満面の笑みを浮かべ、男とハイタッチを交わす。

ボブと呼ばれた男性はボディビルダーもかくやという立派な体格だった。二の腕などは恭弥さんの太腿くらいある。

「こいつ、こう見えて留学生なんだぜ。キャッチのバイトしてるんだ」

聞けば、先輩とはよく行くバーで知り合ったらしい。

入れる店がないのだと話したところ、

「それなら僕に任せろ!」

とボブは張り切って二人を先導する。

辿り着いたのは雰囲気の良い焼き鳥屋だった。そこで仕事中のはずのボブも交えて飲んでいるうちに、恭弥さんは彼と意気投合することになる。

「日本に来てもう二年だよ。日本人はシャイだけど優しい。今度、国にいる彼女が遊びにくるんだ」

そう言って見せられた写真には、ハリウッド女優のような金髪碧眼《へきがん》の美女が写っていた。

「うおお、めちゃくちゃ綺麗じゃん!」

「そうだろう? 恭弥にも紹介するよ」

ボブは、実に良い奴だった。

また是非飲もうと約束し、連絡先を交換した。

「彼女が浮気したんだ」

数週間後、同じ店でハイボールを飲みながら、ボブはそう呟いた。

ああ成程、と恭弥さんは心中頷《うなず》いた。

というのもボブは、前回の陽気さとは打って変わって憔悴《しょうすい》した様子だった。自慢の筋肉にもいささかハリがないように思われる。

「そうなのか……」

「僕はやり直したいと思っているけど、今は連絡もあまり取れない。日本に来る話もなくなりそうだ。ごめん」

「いや、何でボブが謝るんだよ……」

肩を落とし、とぼとぼと改札の向こうに消えていくボブの後ろ姿を見て、恭弥さんは「自殺でもするんじゃないか」と本気で心配したという。

『彼女と仲直りした。心配かけた。ごめん』

その日のボブは、最初から恐ろしくテンションが高かった。

現れるなり恭弥さんを力強くハグし、注文を取りに来た店員と強引に握手を交わした。よく飲み、よく食べ、よく笑った。

これぞボブだ。

恭弥さんは嬉しかった。

二人して大いにはしゃぎ、しこたま飲んだ。

「ボブ、彼女とよりを戻したんだろ？　良かったなあ」

恭弥さんが言うと、ボブは芝居がかった仕草で親指を立てる。

それがおかしくて、恭弥さんは手を叩いて笑った。

「実は今、彼女が遊びに来てるんだ」

「えっ、急な話だな⁉　どうして連れてこないのさ？」

「うふふ」

「今はボブん家にいるのか？」

「いや、友達の家にいる」

「へえ……」

「それでね、近いうちに僕も引っ越して、彼女とその友達と三人で暮らすことになってるんだ」

「えっ？」

どこかで何かを掛け違えている気がした。

ボブは留学生で浮気したはずの恋人が国から遊びに来ていて、今彼女は別の友人の家に身を寄せており、近く三人で一緒に生活をする？

言っている意味は明瞭だが、因果関係がちぐはぐだ。

「んーっと……つまりそれって……」

「ほら、これがその家。友達が送ってくれたんだ」

と、ボブは恭弥さんの目の前にケータイを差し出した。


画面に映っていたのは、薄汚れた和室の写真だった。

ささくれ、茶ばんだ畳の上に西陽が落ちている。

生活感が全くない。

まるで廃屋だった。

漆喰《しっくい》の剥がれかけた壁の前に女がいた。

白いキャミソールワンピースを身に着け、気を付けをするような格好でカメラに身体を向けている。

一目見て、恭弥さんの二の腕が粟立った。

女の顔は、黄粉《きなこ》か何かを擦り付けたように黄色くぼやけていた。

「新生活、今から楽しみだよ」

そう言って、ボブは恍惚《こうこつ》とした笑みを浮かべた。

その顔があまりに不気味だったので、恭弥さんはバイト先からの呼び出しと偽り、そそくさと店を後にしたという。


以来、恭弥さんはボブと会っていない。

連絡はしていないし、向こうからも来なかった。

聞くところによれば、ボブはその後、アルバイトを無断欠勤し続け、住んでいた部屋にはいつの間にか別の人が入居していたらしい。

学校に問い合わせれば消息を追えたかもしれないが、その気は起きなかった。

ボブが姿を消して半年程経った頃、恭弥さんに差出人不明のメールが届いた。

『近況報告』と題されたそのメールに文面はなく、一枚の写真が添付されていた。

嫌な予感はしたものの、恭弥さんは写真を確認した。

以前と同じ画角で、あの和室を撮影したものである。

女は、写っていなかった。

その代わり、薄汚れた壁には大量の黄粉をぶち撒けたようなシミが浮かび上がっており、恭弥さんの目にはそれが仲睦《むつ》まじく寄り添う男女の姿に見えたそうだ。

紫陽花《あじさい》嫌い

鬱陶《うっとう》しい雨がそぼ降る梅雨のある日、神奈川県でジムトレーナーをされている桃さんから、こんな話を聞いた。


五年前の八月。

その晩、桃さんはリビングで缶チューハイを飲みながら、当時ルームシェアをしていた凛さんの帰りを待っていた。

ルームシェアとはいうものの、当時二人が住んでいたのはごく普通の1LDKだった。

元々桃さんが借りていた部屋に凛さんが転がり込んで、家賃と光熱費を出し合っていたのだ。

尤も正社員の桃さんとフリーターの凛さんには埋め難い収入格差があり、自然、桃さんの負担のほうが大きかったのであるが。

今日はあの子、随分遅いな。

桃さんは思った。壁掛け時計は午前一時十五分を差していた。

飲んで帰るとは聞いているが、流石に心配になる。

終電を逃したのだろうか、と桃さんはスマホのメッセージアプリを開いた。

突然、玄関の扉がガンガンと物凄い勢いで叩かれ、跳び上がるほど驚いた。

何事？　と、おっかなびっくり玄関に近づき、桃さんはドアスコープを覗く。

女性が立っていた。

当の凛さんである。

どうやらかなり酔っているらしく、右に左にぐらぐらと危なっかしく揺れながら、虚ろな眼差しを漂わせている。

「どうしたの？　鍵は？　何でチャイム押さないの？」

訊ねつつ扉を開けるも、全身から尋常でないアルコールの匂いを漂わせた凛さんは、無言のまま、桃さんを押しのけるようにして部屋の中に入ってきた。

彼女のスニーカーは泥塗れだった。

ついさっきまで登山でもしていたような具合だ。

「靴！　とりあえず靴脱ごう！　ね！」

慌てて声を掛けたところ、凛さんがこちらを振り向いた。

そのとき気付いたのだが、凛さんは靴ばかりでなく、服にも髪の毛にも、至るところに泥土や木の葉、蜘蛛《くも》の糸などを付着させていたという。

できることならこのまま浴室に直行させたい。

けれどこうまで酩酊《めいてい》していてはとても難しいだろう。

それで桃さんは玄関先に彼女を座らせ、まずは靴と衣服を脱がせることにした。

なすがままにされている凛さんは相変わらずぼんやりした様子で、上下左右に頭を振っている。

おうっふ、と酒臭いおくびが漏れるたび、ぶち撒けられるのではないかと恐怖を覚えたが、幸いそうした惨事が起きることはなく、何とか寝る支度を調えた。

それにしても、と桃さんは思う。

この子がこんなにベロベロなの、見たことない。

『いい加減、今のバイト辞めたいんだよね』

つい先日、凛さんはそんなふうに愚痴っていた。

『全部リセットしてさ、心機一転、資格の勉強でもしよっかな』

ああ、大分溜まってるんだな。

桃さんの目頭が熱くなった。

下着姿の凛さんに肩を貸し、躓《つまず》かないよう慎重にベッドに寝かせる。

「桃ちゃん、ありがと……」

初めて凜さんが意味の取れる言葉を発した。

「大丈夫だけど、ちょっと飲みすぎだよ」

「うん、ごめんね……」

「いいから、もう寝な」

「あじさい……」

「えっ？」

「紫陽花の写真……。桃ちゃん、紫陽花好きでしょ？　……写真、撮ったんだよ……」

「そうなんだ、ありがとね」

とは言いつつ、桃さんは内心で首を傾げていた。

確かに桃さんは紫陽花が好きだった。

シーズンには県内の有名な古刹《こさつ》を訪ね、色とりどりの花々を堪能している。年寄り臭い趣味だと言われたこともあるけれど、好きなのだから仕方ない。桃さんの紫陽花好きは凜さんもよく知っている。

しかしこんな八月の夏真っ盛りに、紫陽花が咲いているものだろうか。

「スマホ……。あれ、どこかな……？　桃ちゃんに見せようと思って、撮ったのに……」

「明日見せてもらうよ。今日はもう休んで」

「うん……」

目を閉じた凜さんは、すぐ眠りに落ちた。

時刻は既に午前二時近かった。

そろそろ自分も寝なくては、と立ち上がった瞬間、桃さんの掌の中でスマホがポロロンと音を立てた。メッセージアプリの受信音である。

ポップアップ通知を一瞥し、桃さんは、あれ？　と思った。

送信元として表示されているのは、今目の前で眠りこけている凜さんなのだ。

本文はなく、写真が一件だけ。

話の流れからすると、言っていた紫陽花の写真だろう。

電波が悪く送信に失敗していたものが、時間差で届いたということか。

そう考えることにして、桃さんは送られてきた写真を開いた。

スマホの画面に、目に鮮やかな紫陽花の群生が表示される。

紫陽花ではなかった。

それは男の顔だった。

青、紫、赤に彩られた男の顔が、紫陽花の飾り花のようにみっしりと蝟集《いしゅう》し、カメラに視線を向けている。

雄蕊《おしべ》に当たる部分にも、小さな顔があった。

全て同じ男の顔だ。

無数の目が写真越しに桃さんを見つめ、嫌らしい笑みを浮かべていた。


一目見た瞬間、襟足をムカデが這うような不快感を覚え、桃さんはスマホを取り落とした。肌がぷつぷつと粟立っていた。

今のは何？　加工画像？　悪戯？

だとしたら、幾ら何でも悪趣味が過ぎる。

憤慨した桃さんは高鼾で爆睡している凛さんを叩き起こし、写真のことを問い詰めた。

しかし彼女はついさっき口にしていたことをまるで覚えていないらしく、

「紫陽花って……桃ちゃん、今は八月だよ……」

眠そうに目を擦りながら、そんなことを言う。

気持ち悪い、頭痛い、と頻《しき》りに繰り返す凛さんと二人、お互いのスマホを確認してみたのだが、問題の写真はどこにも見つからなかったそうだ。

本当は、と桃さんは言い、深く溜め息を吐いた。
ここまでで終わりにしておきたいんです。

実は私、写真の男に見覚えがありました。
でもどうしても、それを凛には確認できなくて。
凄く後悔してます。
そうすることに意味があったのかは分かりませんけど。
少なくとも、目を逸らすことにはならなかったんじゃないかって。
次の日、仕事から帰ったら、凛は家にいませんでした。
バイトは休みのはずだったんですけど。
ただまあ、買い物にでも出てるんだろうって、そのときは気にしませんでした。
結局、凛は帰ってきませんでした。

警察から電話がありました、と桃さんは言った。
翌日の朝のことです。同居している御友人の件で話を聞きたいって、そう言われました。

その時点で、察しは付いてました。

夢の中みたいにふわふわした気持ちで、警察署に行きました。

取調室みたいな場所、というか取調室ですよね、そこで刑事さんに凛ともう一人、男の写真を見せられました。

ええ、勿論「紫陽花」の写真の男ですよ。

見覚えはありますか？　そう訊かれました。

はい、と答えました。

この男性と凛さんはどういう関係でしたか？

バイト先の店長と、従業員です。

それだけ？

それだけじゃありません。

つまり？

付き合っていました。

男女の仲ということ？

はい、そうです。交際していました。

あなたはどうしてそれを？

凛から聞きました。
この男が結婚しているのは？
はい。お子さんもいますよね？　確か、娘さんが。
確認ですが、凛さんは全部知ったうえで、この男と交際していたんですね？
ええ、あの……。
はい？
あの子、死んだんですか？
……どうしてそう思うんですか？
別に、ただ何となくです。
……何となくですか。
はい。

凛はその男に殺されました、と桃さんは言った。
絞殺です。さぞかし苦しかったでしょうね。
写真の一件があった次の日のことです。
犯行現場はホテルの一室で、彼女のほうから男を呼びつけたと警察は言ってました。

奥さんと別れて自分と結婚しろ、さもないと二人の関係を家族や職場にバラしてやる。

男の証言では、凛からそんなふうに何度となく脅迫されていて、精神的に追い詰められていた、と。

嘘に決まってますよ、そんなの。

だってあの子、バイトも辞めてもう店長とは切れるって、全部リセットするって、そう話してましたもん。

死人に口なしで、いい加減なことを言ってるんです。

そいつですか？　当然、刑務所行きです。

懲役八年。

バカにしてますよね。


それ以来、桃さんはあれだけ好きだった紫陽花が嫌いになった。

見るたびにあの男の顔を思い出して、吐き気がするのだ。

だから一年のうち、この季節だけは耐え難いんです、と桃さんはそう言って、煙雨に霞む窓の向こうを眺めていた。

蛇素麺

「前に行った上野のあの店、何て名前だっけ？」

智幸さんは場末の赤提灯で友人の結城からそんなことを訊かれたそうだ。

会話の流れを唐突にぶった切ってされた質問だったたし、お互い今年で三十路に突入する智幸さんと結城とは大学以来の付き合いである。これまでに二人で何度酒を飲んだか分からない。

上野はどちらの家からも近い。行きつけは何軒もある。おまけに二人とも酒といえば浴びるほうだ。飲めば決まって前後不覚になるまで酩酊する。「上野のあの店」なんてふんわりしたことを言われても、まるでピンと来ない。

「知らん。どんな店？」

「外観はちょっと神社みたいな感じだったな」

「はあ？」

「店内は血みたいに赤い照明が点いてて、あとはそう、異様に顔のデカい店員がいた」

「何だそりゃ？　別の奴と行ったんじゃない？」

「いや、一緒にいたのがお前なのは確かなんだ」

「どうして分かるんだよ？」

「だってお前、そこで『蛇素麺』食べてたもん」

「何ソーメン？」

「ヘビソーメン」

智幸さんは開いた口が塞がらなかった。

「蛇素麺」とは何だ？

ヘビソーメン？

無論、智幸さんに心当たりはない。

例えば蛇を麺の代用食にするとか、そういう文化圏があるとは聞いたことがない。況《ま》してや日本にそんな料理を供する店は皆無だろう。というか、あっても食べない。

「どんな料理だったかは記憶にないんだけどね。ただ、お前が美味い美味いって食べてたのはちゃあんと覚えてる。あれ、俺も食べてみたいんだよ。あの店、本当に思い出せないか？　なあ」

結城の目が据わっていた。

それを見て智幸さんは、ああこいつ酔ってるんだ、とホッとする。

というのも、結城は酒に酔うとよく意味不明な冗談を口にするのだ。

例えばそれは、

「私は女優の○屋×鳳さんと婚約しました。式はネパールの寺院で挙げるつもりです」

「焼酎の半分は天使の小便でできていると、あなたは御存じですか？」

「去年の夏、実家のスクランブルエッグ屋が倒産した。疫病が憎い」

などという正気の沙汰とは思えないシロモノなのだ。

その後も結城は「蛇素麺」の話題に拘泥《こうでい》し続けたが、智幸さんは悉《ことごと》く無視した。


数日後、智幸さんは実家に顔を出し、家族で食卓を囲んでいた。食事を済ませ茶の間でテレビを観ていると、ポケットでスマホが振動した。

結城からのメッセージだった。


『蛇素麺の店、やっぱり思い出せない？』

まだ言ってる、と流石にゾッとした。

智幸さんの顔色が変わったのに気付いたのだろう。

「どうかしたの？」と妹に訊かれ、結城からのメッセージを家族に見せたところ、

「ヘビソーメンって……」

皆酷く怯えたような表情を浮かべたそうだ。

「お前、あれを本当に忘れてるのか？」と父。

「まあ、もう二十年以上前のことだし」と母。

「お兄ちゃん、マジでキモかったよね」と妹。

智幸さんだけが、全く話についていけない。

「思い出せないならそのほうがいいと思う……」

と特に両親は本気で嫌がる様子である。

それで智幸さんは後日、焼き肉を奢《おご》ってやるとの口実で妹を誘い出した。

「あのね、こんな話しながら焼き肉なんて食べられないよ」

言いながら、妹は猛然と肉を食べハイボールを飲んでいる。

「だって気になるだろ？　今度はカウンターの寿司屋に連れていってやるから」

そんなふうに頼み込み、智幸さんは漸く事の仔細を聞き出すことができた。

妹によれば、智幸さんは十歳の頃、おかしな言動を繰り返していた時期があるという。

それが起きるのは決まって深夜。

智幸さんはいきなり奇声を発して起き上がる。

かと思えば次の瞬間には犬のような唸り声を上げ、家中を四つん這いになって駆け回るのだ。

止めに入った両親に噛みつき、家具を破壊。涎《よだれ》を垂らしながら、冷蔵庫の食材やゴミ箱の残飯を食い漁ることも。

前触れなくこんな奇行に及び出した息子に、両親はただおろおろと戸惑うばかりだった。

斯様な狂態がピークに達したのは、ある夏の晩だった。

寝苦しさに目覚めた妹が隣のベッドを見やると、そこに智幸さんの姿がない。

お兄ちゃん、また冷蔵庫でも漁っているのかな?

そう考えた妹は、隣室で寝ていた両親を揺すり起こした。

寝ぼけ眼を擦りながら父は一言「しょうがないな」と呟き、一階に下りていく。

その頃にはもう、家族全員が智幸さんの奇行に慣れっこになっていたのである。

が、その晩はいつもと違った。

数分の沈黙の後、階下から父の怒号が響き渡った。

母と妹は慌てて寝室を飛び出し、階段を駆け下りる。その間も父の大声は止まらない。

「やめろ！　いい加減にしないか！」

「智幸！　おい！　しっかりしろ！」

声はどうやら庭のほうから聞こえてくるらしかった。

リビングに辿り着いた二人は、庭に面した窓から外の様子を窺った。

二人はそこにいた。

智幸さんは例によって犬のような咆哮《ほうこう》を上げながら、ぐにゃぐにゃと身を捩《よじ》らせている。

そんな彼を、父が背後から羽交い締めにしているところだった。

智幸さんの顔を一目見て、母娘は同時に悲鳴を上げた。

全身を庭の泥土で汚した智幸さんの口からは、細いゴムチューブみたいなものが何本も垂れ下がっていた。

それは蛇だった。

大きさからして恐らくは幼体である。

その蛇を智幸さんは何匹となく咥《くわ》えていた。

「やめなさい！　おい、いい加減にしないか！　智幸！　ともゆき！」

父の必死の懇願も智幸さんには届いていなかった。

白目を剥《む》いた彼は咥えた蛇をずるずると、まるで蕎麦か素麺のように啜《すす》りまくっていたという。

「おい、救急車！　救急車を呼びなさい！」

父の声で我に返った母が電話機に駆け寄った。

庭には随所に掘り返された跡があった。

手指の汚れから、ほぼ確実にトランス状態に陥った智幸さんの所業と知れる。

不思議なのは、蛇の存在だった。

この家に住み始めて十年近くになるというのに、両親も妹も、庭で蛇を見かけたことなんて一度もなかったのだ。

それもまさか、あんな大量の蛇の赤ん坊が生息していたとは、信じ難いことである。

智幸さんはすぐに病院に搬送され、半月ばかり入院した後に心なしか以前よりもぼんやりした様子で帰ってきた。

そしてここからは、妹の記憶もいささか曖昧になる。

智幸さんの退院から数週間が経った頃、遠方に住む父方の祖母が訪ねてきた。

祖母は白装束を着た見知らぬ老婆を伴っており、記憶している限りでは、彼女の指図で庭に白木の祭壇が設置され、何か「祈祷《きとう》」か「お祓い」のように見える儀式が執り行われたとのことだった。


以上の話を妹から聞かされても、智幸さんはそんな出来事を何一つ思い出せなかった。

とはいえこれは、あまりに気の滅入る話である。

冷麺なんか注文するんじゃなかった、と智幸さんは吐き気を堪えながら目の前に置かれた皿を眺める。

「だから聞かないほうがいいって言ったじゃん。忘れてるなら、それに越したことなかったのにさ」

何杯目かのハイボールを飲み終え、そろそろ帰りたがっている様子の妹がそう言うのを聞きながら、それでもまだ智幸さんには納得がいかなかった。

幼い日の奇怪な出来事。それがすっぽりと記憶から抜け落ちている。

そのこと自体も不気味には違いない。

けれど最も不可解なのは、結城が繰り返していた「蛇素麺」という言葉である。

その言葉をきっかけに、図らずも智幸さんは少年時代の負の歴史を解き放ってしまった訳だ。

それはそれとして、結城が何故そんなことを言い出したのか、智幸さんにはまるで理解できない。

智幸さんと結城が知り合ったのは大学生の頃だから、彼が「智幸さん食蛇事件」の顛末を把握していることはあり得ない。家族の誰かに聞くか、或いは病院のカルテ（二十年も前のものが残っているかは疑問だが）を閲覧しない限りは不可能なはずだ。

何がどうなっているんだ？

智幸さんは妹と別れると、早速結城に電話を掛け、蛇素麺の件を問い糺《ただ》した。

しかし、結城はそんな「蛇素麺」なんてものは聞いたこともない、と言い張るばかりで、逆に智幸さんの執拗な追求を大層気味悪がっていたらしい。

「蛇素麺って何だよ……。お前、いきなり電話してきて、意味分かんねえよ……」

それならと例のメッセージを見せても知らぬ存ぜぬを貫かれ、最終的には喧嘩別れのようになってしまった。

おまけに、最近はそれに輪をかけて嫌なことがある。

『外観はちょっと神社みたいな感じだったな』

『店内は血みたいに赤い照明が点いてて』

『あとはそう、異様に顔のデカい店員がいた』

そんな特徴の店を確かに自分は以前、訪れたことがあるのでは？

いつしか智幸さんの記憶は、そんなふうに混線してしまったのだ。

疲れているときや眠りに落ちる間際など、ほんの一瞬ではあるものの、彼の眼裏《まなうら》にあるはずのない光景が浮かび上がる。

記憶、というよりはむしろ記憶の幽霊のようなその不鮮明な映像の中で、智幸さんは円形の中華テーブルの前に腰掛け、平皿に盛られた何か細くて長いものをずるずると、一心不乱に啜っているのだそうだ。

今のところ、その「細くて長いもの」の正体までは分からない。

が、きっとそう遠くない将来、全てを思い出すことになるのだろう。

殆ど確信に近い思いを胸に、智幸さんはそのときを待ち続けている。

猿山

別にお互いの連絡先を知っている訳ではない、飲み屋でたまに顔を合わせる程度の仲である森山さんという四十代の男性は、忘れもしない小学二年生の遠足でとある動物園を訪れたそうだ。

そのときにこんな奇妙な体験をしたのだと、大好きなホッピーをがぶ飲みしながら教えてくれた。

最初に断っておくと、森山さんは酔っ払うと景気のいい放言や意味不明な妄言を繰り返す男である。だからこの話も一体どこまでを真実と捉えたら良いものか、筆者には判断が付かない。

なのだが、無視するのは忍びない貴重な話だったこともあり、アルコールのせいであっちへ飛びこっちへ戻りする彼の問わず語りを、読者の鑑賞に堪える程度に整頓し、以下にしたためた。要するにそういう次第なのである。

秋晴れの遠足日和だった。

森山さんは急性の胃腸炎で小学一年時の遠足を泣く泣く欠席していたため、その日はもう前日から楽しみでならなかった。テンションが上がりすぎて、入浴中に鼻血を出したことを今でもよく覚えている。

動物園にはバスで向かった。

関東地方にある有名観光地で、森山さんは家族で何度か訪れたことがある。

園内の地理については、概ね頭に入っていた。

とはいえ、低学年の森山さん達には自由行動なんてものは許されない。

先生の引率でぞろぞろとライオンの檻だの猿山だのシロクマの水槽だのを見学する訳だが、通信簿には毎回「落ち着きがない」と書かれていたタイプの森山さんは、ちょこまかとネズミのように駆け回り、周囲を翻弄《ほんろう》した。

そうしているうちにどんどんアドレナリンが分泌《ぶんぴつ》されて、自分でも何をしているのか分からなくなってくる。

でも楽しい。

楽しくて仕方ない。

理由もなくゲラゲラと笑いながら飛び跳ね、先生の股の間を潜り、同級生の頭や背中を引っ叩《ぱた》く。

そんな折、森山さんは突然、背後からぐいと洋服の後ろ襟を掴まれた。

先生に叱られる！

そう思い身を固くして振り向くと、そこには知らない男が立っていた。

茶色のポロシャツにジーンズ姿の、大柄な中年男性である。

阿弥陀にかぶった黄色いキャップからバサついた蓬髪がはみ出ている。

顔の下半分は髭《ひげ》に覆われ表情は今一つ窺えないが、雰囲気から怒っているように見えた。

「貴様！　さっさと仲間のところに戻らんか！」

野太い声で男はそう言って、森山さんを、まるで子猫か何かのように軽々と持ち上げた。

そうして次に気付いたときには、彼は自分と同じくらいの年格好の子供達に前後左右を囲まれていたそうだ。

クラスメイトの元に連れ戻されたのかと思った。

違った。

知った顔がどこにも見当たらないのだ。

これはひょっとして他の学校の子達じゃないか？　森山さんはそう考えた。

というのも、彼らのかぶっている帽子が、森山さんのそれとは異なるのだ。

森山さんの通学帽は学校指定のメトロハットで濃い紺色。が、その子達は皆、さっきの髭男がかぶっていたのによく似た、黄色いキャップを頭に載せていた。

外国人かもしれない……と、そうも思った。

話している内容がまるで理解できないのだ。

彼らの口から放たれているのは、声というよりも鳴き声に近かった。


「あいつらの言葉、今でも物真似できるぜ」

煙草の煙を燻《くゆ》らせながら、森山さんは言った。

それじゃあお願いします、と頼んでみると、森山さんは神妙な面持ちで咳払いをした。

「ぷピピのプラピュラぷぽぽピラぴゅぽプペピュラぷぽぽぴょピュピュラぽぷぴゅプ！」

酸っぱいものでも食べたような顔で、森山さんは猛然と捲《まく》し立てた。

隣席の客が口に含んだ酒を噴き出しそうになり、つまみを運んできた東南アジア系の店員は両眼を剥き出しにして森山さんを凝視している。

あまりに居たたまれないので、すぐに止めてもらった。

閑話休題。

子供達は甲高い声で口々にそのような言葉を交わし、園内をズンズンと歩いていく。

森山さんは何とかその行進から抜け出したいのだけれど、いつの間にかファランクスのような密集陣形の中にガッチリと組み込まれ、意思とは裏腹な方向に運ばれていってしまうのである。

助けを呼ぼうにも、おかしなことに園内には他の人の姿が見当たらない。

目の届く範囲にいるのは、黄色い帽子の子供達と、その監督役であるらしい先刻の髭男ばかり。

暫く行くうちに園の外に出たのか、隊列は緩いカーブを描く川沿いの道を歩いていた。

道の先には、プラネタリウムを髣髴《ほうふつ》とさせる丸屋根の大きな建造物があり、子供達はその入り口に吸い込まれていくらしい。

「もうじき着くぞお！」

と大きな声がした。

見れば、あの男性が隊列の外から森山さんに笑いかけている。

「人には人の、ケダモノにはケダモノの領分ってものがあるんだ。分かったか！」

胴間声《どうまごえ》を上げた男性に唱和して、子供達が一斉に「ぷピュイ！」と叫び、万歳のポーズを取った。

森山さんは悲鳴を上げた。

突き出された子供達の腕が、焦茶色の毛に覆われているのだ。

そればかりか、足も顔も、衣服から露出した部分が毛むくじゃらになっている。

嫌だよう！　助けてよう！　と助けを求める森山さんを一顧だにせず、ケダモノめいた子供達の行進は続いていく。

そうしてついに、森山さんはあの建造物の目の前にやってきた。

入り口から覗く真っ暗な空間からは、獣肉を糞尿で煮しめたような凄まじい悪臭が漂ってくる。

あそこに入れられたらもうおしまいだ！

森山さんは泣きじゃくりながら、必死で喚きまくった。

「おい！　何やってるんだ！」

背後から男性の鋭い声が聞こえ、次の瞬間、森山さんは再び襟首を引っ掴まれた。

「やめてぇ！　助けてぇ！」

闇雲に手足をばたつかせていたら、握りしめた右の拳がゴツンと固いものに当たる感触があった。

同時に「うっ！」と短い唸り声がして、森山さんは地面に投げ出される。

振り向いた先には、担任の先生がいた。

涙目で口元を押さえた彼の指の間からは、ダラダラと真っ赤な鮮血が溢れていた。


後に先生から聞かされた話では、ほんの一瞬目を離した隙に、森山さんの姿が忽然《こつぜん》と消えていたらしい。

すわ大事！　と手分けして園内を捜索したところ、虚ろな表情で今しも猿山の柵を乗り越えようとしている彼を見つけたのだとか。

その場では先生に、帰宅後は両親にこっぴどく叱られた。

森山さんは自分が体験したことを何とか説明しようと試みたのだが、その口からは、

「ぷピピのプラピュラぷぽぽピラぴゅぽプペピュラぷぽぴょピュピュラぽぷぴゅプ！」

どういう訳かそんな意味不明な音が漏れるばかりで、この後に及んでふざけていると見做《みな》された彼は、何割増しか余計にお灸を据えられてしまった。

それから何年かの間、観光地やテレビで目にする猿の中に、ごく稀にではあるが、黄色いキャップをかぶった個体が混じっていることがあった。

けれどそのキャップは決まって森山さんにしか見えていないようで、指摘するたびに馬鹿者の誹《そし》りを受けた。

最後に見かけたのは、小学五、六年生の頃、母親に連れられて行ったデパートの屋上で、そう達者でもない芸を披露していた猿回しの猿だったと記憶している。

人生もそろそろ折り返し地点を迎える森山さんにとって、それは記憶の崖っぷちに指一本でぶら下がっているような、不可思議な出来事だ。

「でもさ、こういうふうにも思える訳。俺にとってはそれがたまたま猿山の猿だったってだけで、そういうおかしな体験を、本当はもっといろんな子供がしてるんじゃない？　といっても、そんな記憶、後生大事に抱えてたところで、人生には何の意味もないよな。だから結局」

皆忘れちゃうんだろうね、というのが森山さんの持論なのである。

犬目耳郎

有野さんが前々からちょっといいなと粉をかけていた、百合さんという女性と飲みに行ったときのことだ。

完全個室タイプの居酒屋だった。

こうした打ち解けた雰囲気で、それも二人きりで飲むのは初めてだったが、仕事や趣味、休日の過ごし方や以前の恋人のことなど一つ一つの話題に花が咲き、会話のペースも合う。有野さん的には、かなり好感触だったという。

これはイケるかもしれない、と有野さんがそんなふうに思っていたら、入り口の引き戸がカラカラと音を立てて開き、見知らぬ男が入ってきた。

作務衣《さむえ》に下駄履きの中年男性だった。脂気の少ない長髪をポニーテールにしている。丸眼鏡に胡乱《うろん》な口髭。驚く程背が高く、まるで天狗みたいだった。

手ぶらであることから、店員が料理を運んできた訳ではないと知れる。

「あの、何か御用ですか?」

内心の緊張を抑えつつ有野さんが訊ねる。

するとで男は懐から一枚の紙切れを出し、それを卓の上に置いた。

写真である。

写っていたのは、一匹のトイプードル。

画質が悪い。フィルムやデータとしてあったものを現像やプリントに回したのではなく、写真自体をカラーコピーしたような質感である。

が、被写体となっているトイプードルは、モデル犬もかくやという可愛らしさだった。

恐らくはトリミング直後なのだろう、毛並みは綺麗に整えられ、くりんとした瞳をカメラに向けて小首を傾げている様子が堪らない。

背景は真っ白な壁で、調光も決まっている。どこかのスタジオで撮影したもののようだ。

「メロンちゃんです」

厳かな調子で男は言った。

「先日でちょうど一歳になった。メスです。賢く、愛らしい子だ。家族の一員でした。しかし公園を散歩している途中、飼い主が……失礼、御家族が少し目を離した隙にいなくなってしまった」

男は、自分の言葉が有野さん達に与えた影響を確かめるように言葉を切り、二人の顔を交互に眺めた。

「都会にはカラスが多いでしょう。それに言葉は悪いが、好んで犬を喰うような変態だっているのです。御家族は心配でならない。私もそうです。だからこうして、心当たりの場所を一つ一つ、虱潰《しらみ》しに探して歩いている。メロンちゃん、一歳、メス。どうです、見覚えはありませんか？」

滔々《とうとう》と芝居がかった調子だった。

こいつ、どう考えても頭が変だ。

口上を聞き流しながら有野さんが窺うと、男の目は内出血でもしているのか、両方とも真っ黒だった。

明らかな狂人が放つ圧に呑まれつつも、百合さんの手前、みっともないところは見せられない。

「すみません、僕達にはちょっと分かりかねます。それにしてもメロンちゃん、可愛い子ですね。行方不明とは、本当に痛ましいことです。御家族もさぞかし心配されているでしょう。どこかで見かけたら、きっとお伝えします」

慎重に言葉を選びながら、有野さんはそう答えた。

男は黙って有野さんの言葉を吟味している風情だったが、そのうちに犬の写真を素早い動作で懐にしまい、今度は名刺のような紙切れを二人の前に並べた。

「どんな些細な情報でも構いません。何かあれば、こちらまで御連絡を。メロンちゃん、一歳、メス。いいですね？」

それだけ言うと踵を返し、部屋の外に出ていった。

男の去った後には、屁のような臭いが残された。

「うへえ、怖かったあ！　誰だよあれマジで？　メロンちゃん？　一歳？　メス？　何それ？　ヤバかったねえ！」

有野さんは安堵からつい饒舌《じょうぜつ》になってしまう。

が、そうして暫く益体《やくたい》もないことを喋り続けたところで、百合さんが先程から一言もないことに気付いた。

彼女は男が置いていった紙切れをまじまじと、食い入るように見つめている。

有野さんもそれを手に取った。

〈**犬目耳郎**〉

書かれていたのはただそれだけ。

手書きの、子供っぽい字だった。

イヌメミミロウ。

或いは、ケンモクジロウ。

つまりこれがあの男の名前なのだろうか。

いや、こんな名前の人間がいてたまるか。

そもそも名刺と思っていたのは、有野さんもたまに利用するホームセンターのレシートだった。表面には数日前の日時で、ドッグフードの品名や値段、担当者名などが小さく印字されている。

「うわあ、これはガチもんだね。ちょっとヤバすぎるよ」

有野さんはレシートをくしゃくしゃに丸め、灰皿に放り込んだ。

「あの人、メロンちゃんって言ってたよね？」

百合さんがぽつりと呟いた。

「えっ？　ワンコの名前？　メロンちゃんって、確かにそう言ってたけど」

「メロンちゃんではない」

「えっ？」

「あの子はベリーちゃん」

「ベリーちゃん？」

「姉夫婦が飼っている子。一歳、メス。旦那が種なしだから、二人には子供がない。だから我が子同然に慈しんでいる。もし本当にベリーちゃんがいなくなったのなら、彼女達の悲しみは言語に尽くし難い」

「いや、でもさっきの子はメロンちゃんなんでしょ？　同じトイプードルだったら、ベリーちゃんによく似てるってだけなんじゃ……」

「言っただろう？　ベリーちゃんは姉夫婦にとっては最愛の我が子。つまり、私にとっては姪も同然。家族なんだ。そんなベリーちゃんのことを、どこの犬の骨とも知れないメロンちゃんなんかと間違うはずがないだろっ！」

お姉ちゃんに電話してくる！　と百合さんは大声で言い放ち、スマホを手に個室の外に出ていってしまった。

有野さんは一人個室に取り残された。

仕方なくちびちびとレモンサワーを飲みながら彼女の帰りを待ってみたが、十分経っても二十分経っても、百合さんは一向に戻ってくる気配がない。

何度か電話を掛けるも、通話中だった。

百合さんが部屋を出て、三十分が過ぎた。

俺は今どういう事態に巻き込まれているんだ？

そんなことを考えながら有野さんがいよいよ途方に暮れていたら、またしても引き戸が開いた。

百合さんだった。

先刻の態度が嘘のように、穏やかな笑みを浮かべている。

「ごめんね、やっぱり私の勘違いだったみたい」

「えっ？　それじゃあ、ベリーちゃんじゃなかったの？」

「うん、メロンちゃんはね、ちゃんと無事だったよ。あの写真のベリーちゃんって子、メロンちゃんとはよく似てるだけの子だったみたい」

「ん？　ん？」

「安心したよお。メロンちゃんがカラスに襲われたり、変態に食べられちゃったりしたら、お姉ちゃんも旦那さんも、私だって生きていけないもん」

混線している。

さっきまでの話では、写真の犬がメロンちゃん、姉夫婦の犬がベリーちゃんだったはず。

今彼女が言っているのとは、まるっきりあべこべだ。

「あのさあ、俺ちょっとまだよく分かんないんだけど……」

そう言いかけたところで、有野さんは息を呑んだ。

百合さんの着ているパーカーのロゴが反転している。

鏡文字なのだ。

髪型や顔も微妙に変だ。分け目や黒子《ほくろ》の位置に違和感があるし、話すときの表情筋の使い方も、さっきまでの百合さんとは違っていた。

左右が逆転している、と気付いた途端、背筋にぞわっと悪寒が走った。

後はもう何を話したか、よく覚えていない。

明らかに饒舌になった百合さんが、メロンちゃんの愛らしさについて延々と捲し立てていた気がする。

帰り際、有野さんは百合さんから、

「良かったらもう一軒行かない？」

そんな誘いを受けたそうだが、明日は朝早くに用事が、とか何とかいい加減な口実を拵えて帰宅した。

その一件以来、有野さんは百合さんと顔を合わせていない。

半年程経ってから、人伝てに、彼女が仕事を辞めたことを知った。

何でも姉夫婦とともに保護犬カフェの経営を始めたとのこと。

大変に充実した日々を過ごしているようで、ＳＮＳには毎日のように、キラキラした笑顔で楽しそうにワンコと戯れる百合さんの写真がアップされている。

が、付き合いで一度だけ店に顔を出したという犬好きの友人は、憤懣《ふんまん》やるかたないといった様子で、

「幾ら何でもあれは酷いよ」

とこぼしていた。

店にいる犬達は餌も満足に与えられていないのか酷く痩せこけ、中には自分の排泄物を食べている子もいたらしい。

「おまけにオーナーだとかいうおっさんが感じ悪くてねえ」

話を聞いた限りでは、どうやらそれが姉の配偶者らしい。

作務衣にポニーテール、丸眼鏡に胡散臭い口髭を生やした長身のその男は、カウンターの奥から店内を険しい目つきで監視しており、そのせいか百合さんとお姉さんは常時ビクビクと怯えている様子だったという。

有野さんのメールアドレスにも、何度かその店のＤＭが届いた。

しかしそのたびに、メロンちゃんとベリーちゃんのこと、犬目耳郎と左右逆転した百合さんのことを思い出して気分が悪くなるので、最後には受信拒否設定にしてしまった。

五芒星の男

百貨店で美容部員をしている水上さんの話。

数年前のある日、水上さんはマッチングアプリで知り合った男性と顔合わせの食事をすることになった。

イグチと名乗ったその男は彼女より干支一回り年上で、落ち着いた雰囲気が大変に好ましかった。

当日は彼の知人がオーナーをしているとかいうレストランでコース料理を食べたのだが、会話の端々にそこはかとない知性と気遣いを感じ、初めて会ったとは思えぬ程に落ち着いた、楽しい時間を過ごすことができた。端的に、惚れ惚れしてしまったのだ。

食事を終えて駅までの道すがら、二人は公園の中を通る遊歩道を抜けていった。

「ちょっとよろしいですか？」

途中、改まった様子でイグチが立ち止まる。

あっこれは、と水上さんは緊張した。

早速、交際を申し込まれるのでは？　イグチは水上さんの目をひたと見据え、軽く咳払いした。

「実は、若い頃にこの公園で女性を襲ったことがあります」

水上さんは絶句した。

「背後から忍び寄って、そこの藪の中に引き摺り込んだのです」

何かの冗談かと思ったが、イグチの目は真剣そのものである。

「勿論、しっかりお務めはしました。ああ、つまり刑期は終えた、という意味です。だからといって、僕の犯した罪が消える訳ではありませんけど」

そんなことを聞かされて、水上さんは身も凍る思いである。

彼女は土地不案内だったし、その日は比較的フォーマルな服装だったこともあり、ヒールを履いていた。走って逃げたとしても、確実に追いつかれる。周囲に人けはなく、大声を出した場合、逆に相手を刺激する可能性もある。

八方塞がりだ。

観念した水上さんは意を決し、大きく深呼吸するとイグチの顔を睨みつけた。

「それが何だというんですか？　私のことも、今ここで襲うつもりですか？」

するとイグチは見るからに狼狽《ろうばい》した表情を浮かべた。

「違う違う。そういうことではないのです。そんな過去を持つ僕が、今日、あなたの前では礼節を持って振る舞っていると、その、伝わりますかね？　伝わらないかな。どうも失礼しました」

言いながら、イグチは背広の内ポケットをまさぐり出す。

刺される！　と水上さんは硬直した。

が、イグチが取り出したのは凶器なんかではなく、一枚の茶封筒だった。

「今日はとても楽しかった。これはまあ、一種のお守りみたいなものです」

水上さんに封筒を手渡し、イグチは足早に歩き去った。

帰宅後、彼女が封筒の中を覗いてみると、一万円札が十五枚、加えてこれは交通費のつもりなのか、千円札が三枚、いずれもピン札できっちりと入れてあった。

一万円札には一枚残らず赤いサインペンで五芒星のようなマークが描かれていた。

何かの呪術かもしれない、と水上さんは不気味に思った。

すぐにでも処分したいが、もし本当に呪術の類であるなら軽率に使用するのは躊躇《ためら》われるし、捨てたり燃やしたりするのにも抵抗がある。

そのうち、神社にでも持っていこう。

ひとまず彼女はその封筒を押し入れの、普段は出し入れすることのないカラーボックスにしまい込んだ。


イグチとは連絡が取れなくなった。

あの後すぐにアプリも退会したらしく、プロフィールも閲覧できなくなっていた。

水上さんは結局、同じアプリで知り合ったババという男と交際を始めた。こちらは水上さんよりも二歳年下の妙に母性本能をくすぐる男で、内面はさておき、顔が著しくタイプだったのである。

半年もしないうちに二股を掛けられていることを知った。

糾弾したところ顔面を殴打され、頬骨《ほおぼね》にヒビが入るほどの大怪我を負った。

ババはいつの間にか仕事を辞めていた。

そうして彼女に金をせびるようになった。

最初のうちは貯金からやりくりしていたが、数カ月もせずに底をついた。

渡す金がないとババは不機嫌になった。

暴力こそ二度と振るわれなかったけれど、脅迫めいた文言を繰り返し口にするのだった。

流石にもう終わりにするしかない。

そう判断した水上さんは、ババに別れを切り出した。

彼は逆上し、これまでお前に使った金を返済しろ、と迫った。

金額を訊けば、二十万円と即答。手切れ金という訳だろう。

理不尽とは思っても、反論すればまたしても暴力が飛んでくるかもしれない。

水上さんは、不承不承《ふしょうぶしょう》、ババに金を渡すことにしたそうだ。

とはいえ二十万もの金を、そうやすやすとは捻出できない。

実家か友人に頼るしかない、と思った。

しかしその場合、現在自分が置かれている状況をどうしたって説明せねばならず、それはそれで事態が拗れる可能性がある。

ババの性格上、第三者に口を挟まれれば、よりエスカレートするという事態も十分に考えられた。

どうしたものかと頭を悩ませ、碌《ろく》に眠ることもできなくなった。

そんな中、水上さんは生まれて初めて白昼夢らしきものを見た。

それは雨模様の土曜日のこと。

近所の喫茶店で水上さんは一杯の紅茶を前にうつらうつらしていたという。

すると、少し離れたカウンター席で新聞を読んでいた男が席を立ち、こちらに歩いてくる気配があった。

男はそのまま彼女の目の前に腰掛けた。

ちょうど今し方トイレから戻ってきた、とでもいうような自然さである。

着座するなり、男は水上さんに笑いかけた。

暑いのか、パタパタと手で顔を扇いでいる。

不思議と初めて会った気がしない。さりとて知人友人という訳ではないのだが、何度か夢で会いましたよ、とでも言われたら、ああそうですか、と納得してしまうような雰囲気がある。

感情のない顔で暫く水上さんを見つめると、男は徐《おもむろ》に着ていた半袖シャツを脱ぎ出した。

えっ、ちょっと、と思いはするものの、店員や他の客はこちらを気にすることもない。

そうであれば自分一人が大袈裟に騒ぐのもどうかという気がして、水上さんは大人しく半裸になった男と向き合ったそうだ。

鍛えられた、良い身体をしていた。

が、問題はそこではない。

左胸の目立つ位置に、タトゥーが彫られている。

真っ赤な五芒星だ。

あっ！　と声が出た。

次の瞬間、水上さんは自宅の押し入れの前に立っていた。

ぼんやりと頭に霞が掛かったような具合で、一体全体、何が起きたんだか理解できない。

口中には最前まで飲んでいたはずの紅茶の苦みが残っていた。

スマホの時計を確認したところ、喫茶店にいたときから四時間近くが経過しており、その間の記憶は一切ない。


『これはまあ、一種のお守りみたいなものです』


水上さんは押し入れを開け、カラーボックスからあの茶封筒を取り出すと、口座に残っていたなけなしの五万円と併せて、その日のうちにババに手渡した。

ババは驚いた様子で何事かをもごもごと呟いていた。けれどいい加減、これが縁の切れ目と見切りを付けたのだろう、あっさりと別れ話を受け入れたという。

二カ月後、ババは窃盗と傷害の容疑で逮捕された。

ニュースによると女性ばかりをターゲットにしたひったくりの常習犯だったらしい。背後からスクーターで近づいて、バッグを奪っていたのだ。

逮捕のきっかけになった事件では、抵抗した老婆を殴りつけ、鼻の骨を折る大怪我を負わせたとのこと。

現在、水上さんはマッチングアプリで婚活中の身である。

「もしまたイグチさんを見かけることがあったら、今度は私が御馳走したいんですけどね。今のところそれっぽい人はいませんし、あの五芒星のお札を使ってしまったことで、何だかもう二人の縁は切れてしまったようにも感じます。逃がした魚は大きい、って品がない言い方になっちゃいますけど、もう一遍、チャンスが降ってこないかなあと。うん、それが偽らざる本心ですね」

何かが空を……

国分穂花さん。二六歳。看護師。

お化け、かどうかは分からないです。厳密には違うような気がしますけど、一度だけ、それっぽいものは見たことがあります。

お話しするのは別に構わないですよ。

でも、笑わないでくださいね？

それと、できるだけ話したままを書いていただきたいです。

どんなに突拍子もない出来事でも、私にとっては大切な体験なので。

あれは、忘れもしない、高校三年の冬でした。

日付までちゃんと覚えてます。

二〇一五年二月一九日。

その前日に、従兄弟の圭人君が亡くなったんです。

彼とは同い年で、私の実家が今の住所に引っ越すまでは、よく一緒に遊んでました。中学に入ってからもちょくちょくやり取りはしていたんですけど、高校受験が近づいてくると、だんだんそういうのも減っていって。

難しい名前の病気で入院しているのは知っていました。父はたまに圭人君のお母さん——父にとってはお姉さんに当たる人——と電話で話していて、通話を終えるたびに暗い表情を浮かべていました。

あまり良くないようだよ、と父から聞かされたそのときだけは、ああ、お見舞いに行かなきゃとそう思うんですけど、テストだ部活だとバタバタしているうちに、本格的な受験シーズンが始まって。

正直その頃には、圭人君のことなんて頭にありませんでした。

酷い話ですよね。

それにしたって、あんなに早く逝ってしまうなんて、想像できないじゃないですか。

圭人君が亡くなる前日、私は第一志望の大学に合格しました。

その晩は家族でお祝いしたんです。

普段晩酌をしない父が、珍しくワインを飲んでいました。

母も御機嫌で、高一の妹は「大学生いいなあ」なんてブー垂れてましたけど。

シャワーを浴びて自室に戻るとき、リビングから父の声が漏れ聞こえました。

いつもは点けっぱなしになっているテレビの音がしなかったので、何か大事な電話をしてるんだなと。

部屋で寝る支度をしていたら、ドアがノックされました。

ちょっといいか？　と父の声がして、返事より先にドアが開きました。

父は眉間に皺《しわ》が寄って、さっきよりも何歳か老けて見えました。その後ろには母もいて、こちらは既に泣き腫らした目をしています。

両親のそんな様子を見ても、私には理由が分かりませんでした。


圭人君、お祖父ちゃんの影響で、子供の頃は和太鼓を習っていたんです。

私も一緒に参加したお祭りで、山車《だし》に乗って太鼓を叩いてる写真が残ってますよ。

大きくなったら和太鼓奏者になるんだ、って話してくれたこともありました。

勉強はそんなに得意じゃなかったけど、スポーツ万能で、友達も多かったみたい。

それに引き換え。

当時の私には、これといった夢も目標もなかったんです。

だから親と担任に言われるがまま、何となく中堅どころの私大を受験していて。

何だろうなこれ、と思いました。

私はこれから、無難に入った大学でいい加減に勉強して、適当に就職して、雰囲気で結婚して、なし崩しに子供ができて、さも満ち足りたような顔で、何十年も生きるのに。

そんなモヤモヤが堂々巡りして、結局、その日は寝付けませんでした。

それでまだ日も出ていない朝方に、散歩に出ることにしたんです。


あーあ。

人生って不公平だよな。

あんなに良い子だったのに。

こんな私なんかが生きていて。

代われるものなら、代わってあげたいよ。


なんてことを考えながら、近所の川原を歩いていました。

流石にそんな時間ですから、ランニングや犬の散歩をしている人の姿もありません。

パジャマの上にカーディガンを羽織って、足元はサンダル履き。

そんな格好なのに、寒さは感じませんでした。

目的もなく川下に向かってとぼとぼ歩いていたら、そのうちにずっと先のほうの空が白んできました。

夜と朝が交じり合う、どこか夢みたいに感じられる時間でした。

そのときです。

数百メートル離れたところにある橋の上を、何かが飛んでいるのが見えました。

その何かは、ぐんぐんと、物凄い速度でこちらに向かってきます。

大きさや飛び方から、鳥じゃないってことはすぐに分かりました。

直線的な動きは飛行機に近いんですが、それにしては位置が低すぎる。

最初は小さい点みたいだったそれが、見る見るうちに距離を縮めてきます。

何、あれ？　と目を細めました。

あ、言ってなかったけど、私、近視なんです。そのときはただの散歩だから、眼鏡もコンタクトもしてなかったんですよね。

だからそれが何かはっきり見極められたのは、私との距離があと数十メートルのところまで近づいたときでした。

それはビルの四、五階くらいの高さを、水平に音もなく飛んでいました。

細長くて平たい、先端部が三角形に尖《とが》った、板みたいな形状のものです。

ちゃんと目にしたのは、ほんの一瞬です。

あっ！　と思ったときには、それはもう私の大分後ろを飛んでいました。

風の音なんかは、全くしなかったと思います。

その何かは、そのまま更に飛距離を伸ばして、何秒もしないうちにまた点になって。

そうして、影も形もなくなっていました。


オカルト好きの知人に話したら、それＵＦＯだったんじゃない？　って言われたんです。

私は詳しくないんですけど、ＵＦＯって、アダムスキー型でしたっけ？　ああいう円盤みたいなものだけじゃなくて、葉巻型っていうのもあるんですよね？

だから君が見たのも、きっとそれだよ、って力説されたんですけど。

違う、と思います。

最初に言いましたけど、笑わないでくださいよ？

それ、卒塔婆だったんです。

はい、その卒塔婆です。

何度も言わせないでください。卒塔婆です。

はい、お墓に立ってる卒塔婆です。正確には板塔婆《いたとうば》、ですよね？

そう、空飛ぶ卒塔婆。

勿論、常識的には見間違いか幻覚ですよ。

圭人君のことがあってメンタル的に相当やられてましたし、おまけに一睡もしてなかった訳じゃないですか？

金縛りとか幽体離脱なんかは特にそうかもしれないですけど、心霊体験って、心と身体が疲れてる状態のときによく遭遇するんだって、何かで読みました。

そうじゃなくても、空飛ぶ卒塔婆は流石にどうかしてると思います。

ＵＦＯのほうがまだ信憑性《しんぴょう》ありますよね。


でも、私思うんです。

あの卒塔婆、あの子が私を元気づけてくれたんじゃないかって。

えっ？　誰って従兄弟ですよ。

圭人君です。

話の流れで分かりますよね？

ぐずぐずしてる私のために、圭人君が卒塔婆を飛ばしてくれたんですよ。

僕はもうこの世にはいないから、進学も就職も結婚も、好きな太鼓もできない。でも君にはまだ幾らでも可能性があるじゃない。

圭人君、きっとそれを伝えたかったんですよ。

そんなふうに考えたら、何だか無性に前向きな気持ちになって。

両親とも相談した結果、内定を蹴って、それで一浪して医療系の専門学校に入ったんです。

今は人生が充実してます。

仕事は大変で、泣きたくなることもありますよ。

でもあのとき見た卒塔婆が、現在の私を形作ってくれた、今では何だかそんな気がしてるんです。

あ、ごめんなさい。

話してたら、ちょっと泣けてきちゃって。

この話、さっきも言いましたけど、本に載せてもらっていいですよ。

でも、できるだけ話したままを書いてくださいね。

特に、卒塔婆は圭人君からのメッセージなんだって、そこは絶対に。

お願いします。

けむり

「今でもね、たまに思い出すんですよ」

　何本目かの煙草に火を点けると、めぐみさんは語り出した。

　二十年前、めぐみさんは青年海外協力隊の一員としてベトナムを訪れていた。

　ベトナムは縦に長大な国土を有するが、めぐみさんが滞在していたのはその北端に位置する山岳地帯で、都市部からバスで三時間という片田舎だった。

　当時はまだ上下水道すら碌に整備されていなかったという。

　その日は確か買い出しに出かけていました、とめぐみさんは述懐する。

　奇妙な体験をしたのは、その帰り道のことである。

　ベトナム北部には南部と異なり四季があるものの、基本的には乾季と雨季に分かれている。十一月から四月までは乾季、五月から十月までは雨季に当たり、乾季は肌寒く、雨季は蒸し暑い。

　折しも雨季。重く湿った空気が衣服や肌に纏いつき、空調のないおんぼろバスの車内は蒸し風呂のようだった。

　群馬県は榛名山の麓の生まれであるめぐみさんは、山にはある程度慣れている。不便を感じる機会は多いけれど、それも経験と割り切っていた。

　けれどこの湿度にだけは閉口せざるを得ず、いつまで経っても嫌なものだった。

　額に滲み出る汗をハンカチで拭っていると、不意にバスがガクンと大きく揺れ、そのまま停車してしまった。

　どうやら急ブレーキを掛けたらしい。

　見渡せば、周囲一面、田圃しかない田舎道である。

　バス停がある訳でもないし、こんな見晴らしの良い場所で事故というのも考え難い。

　何があったんだろう？

　めぐみさんは不審に思いながらも、車内の喧騒に耳を傾けていた。

　早口でよく分からないが、

『けむり』

　という単語だけが何度も繰り返されていた。

　そのうちに何人かの乗客がバスの外に出ていった。

　窓から窺うと、彼らはどこか遠くのほうを指差し、何事かを頻りに喚いている。

バスは一向に動く気配がない。

流石に業を煮やしためぐみさんは席を立ち、運転手に声を掛けた。

「あのう、どうしたんですか？」

すると運転手は苛立たしげに舌打ちし、窓の外を指差した。

「どうしたもこうしたも……。あんた、あれが見えないのかね？」

言われて、めぐみさんはそちらに視線を向ける。

山火事？

最初、彼女はそう思った。

数キロメートル右方に聳《そび》える山の中腹から、一条の煙が棚引いているのだ。

いや、だけどそれにしては、何というか……。

少しの間その煙を見つめていためぐみさんにも、だんだんと事態の異常さが分かってきた。

ゆるゆると立ち昇る煙は風に乗り、山の稜線《りょうせん》に沿ってゆっくりと流れていく。

にも拘らず、それはいつまでも掻き消えることなく、次第にその全長を増していった。

その様子は、巨大な蛇か鰻《うなぎ》のような生物が身をくねらせ、空中を悠然と泳いでいるように見えたという。

めぐみさんは息を呑んだ。

まるで生きてるみたいだ。

と、外に出ていた乗客の一人が甲高い悲鳴を上げた。

そうして心底慌てた様子で、車内に駆け戻ってくる。

「来るぞ、来る来る！　こっちに気付いた！　早く出せ！　急げ急げ！」

運転手に詰め寄り、猛然とがなりたてる。

「席に戻れ！」

運転手の剣幕に押され、めぐみさんは訳も分からず着席した。

次の瞬間、バスが急発進した。

そのまま猛スピードで田圃道をひた走り、四、五分程したところでやっと速度を落とした。その頃には、車内の騒ぎは大分落ち着いていた。

車窓から背後を見やると、例の煙は周囲の雲に混じって判別が付かなくなっていたらしい。

「あの煙、一体何だったんですか？」

めぐみさんは隣席で目を閉じ、何事か意味不明な唱え言をしていた老人に声を掛けた。

すると老人は彼女を値踏みするようにとっくりと見つめ、凡《およ》そこんなことを話して聞かせたという。

「見たところお嬢さんはこの国の者ではないから、知らないのも無理はない。死者の肉体は焼かれ灰になっても、その煙だけはいつまでもこの世に残って漂い続けるということが、この地方では昔からよく言われている。あれはつまりそうしたもので、人を見かけるとふわふわと近づいてくるのだ。生者の肉の温もりが恋しいのだと訳知り顔で言う者もいるが、本当のところはよく分からん。試しに捕まってみる物好きもおらんだろう？」

「私達が死んでも、煙は残るんでしょうか？」

めぐみさんは、最後にもう一度、美味そうに紫煙を燻らせた。

ファントム・オ・テアートル

フランスでコンテンポラリー・ダンスのダンサーをしている瑠夏さんは、物心付いた頃からよく不思議な出来事に遭遇した。

ないはずのものがある。

或いはまた、あるはずのものがない。

それとは別に、彼女には昔から、現実と夢とは実のところ地続きなのではないか、という意識があったそうだ。

幼い日の夢には「現実に存在しない」街が確固たる実在感を伴って現れた。彼女にはその街の仔細な地図を描くことさえできた。

大学一年の頃に見た夢で、瑠夏さんは「現実に存在しない」大学で一年間を過ごした。「現実に存在しない」友人、教師、恋人と「現実に存在しない」関係性を築いた。そうして夢から覚めたときは、生まれてこの方感じたことのない喪失感に見舞われた。約三週間、瑠夏さんは「現実に存在しない」人達のための喪に服した。

瑠夏さんは語る。

「それだから、私がこれまでに見てきたおかしなものって、現実の中に夢の断片、というかその氷山の一角みたいなものがちらっとはみ出してきちゃったような、そんな感じなんですよね」

ここではその瑠夏さんが、フランスはパリの劇場で体験した話を記す。


その日、瑠夏さんは友人と連れ立ってパリ市内のとある古い劇場を訪れていた。

若い振り付け師とダンサーのためのコンペティションがあり、その発表会を見学しに行ったのである。

その劇場には幽霊の噂があった。

具体的な目撃譚を聞いていた訳ではないが、兎も角「出る」と専《もっぱ》らの評判だったらしい。

「フランスでもね、歴史のある劇場にはそういう話がつきものなんですよ」

劇場の収容人数は約百人。

そう大きくも、さりとて小さくもない、よくある劇場だ。

瑠夏さんと友人はホールの最前列に座を占めた。

客席に椅子はなく、舞台との距離が近い。最前列に座れば、手が届きそうな位置でダンサーの演技が鑑賞できる。

発表会の流れはこうだ。

まず照明が落ち、舞台袖から現れた演者が所定の位置に立つ。

直後、照明が点いて音楽が流れ、演技が始まる。それを終えると再びライトが消え、彼らが袖に捌《は》けたのと入れ替わりに次の演者が出てくる。以下、その流れが延々と繰り返されることになる。

「何組目だったかはよく覚えていないんですけど」

照明が消え、三人組の女性が舞台に姿を現した。

暗闇の中、彼女達は扇形に展開する。中心の演者が客席に最も近く、残りの二人はその左右後方に陣取る形だ。

他の二人は肩の力を抜き、俯き加減でポーズを取っている。が、逆三角形の右の頂点に位置する女性だけは、舞台の床にだらりと力なくうつ伏せていた。

とはいえこれはコンテンポラリー・ダンスの発表会である。ダンサーが床に伏せた状態で演技が始まることはかなりよくあることだ。

そのポーズ自体は問題ではなかった。

変なのは、と瑠夏さんは語る。

「照明が点くまでの『間』だったんです」

いつまで経っても、舞台の照明が点かないのだ。

そうかこれは、と瑠夏さんは思った。

きっと照明に不具合があったんだ。

十秒経ち、二十秒経ち、ついには三十秒が経過した。

舞台上はいつまでも暗いままだった。

「流石にどうしたのかな？　って不安になってきて」

それなのに、隣に座っている友人も含め、他の観客は微動だにせず前を向いている。

瑠夏さんは客席後方にある調光室を振り返った。最前列に座る彼女からは距離が離れていることもあり、闇に包まれた場内では何がどうなっているのか、動向を窺い知ることはできなかった。

大事な発表会の場で照明トラブルなんて、この子達もついてないな。

そんなふうに同情した瑠夏さんが、舞台に視線を戻した矢先、彼女の正面、例の一人だけうつ伏せになっていた演者が不意に立ち上がった。

彼女はそのまま小走りで中央に立つ演者の元に移動する。そうして最前と同じように、べたっと床にくずおれた。

その動作を見て、瑠夏さんは思い至った。

立ち位置を間違えていたんだ。

照明係は無論、それぞれの演者がスタンバイする位置とポーズを把握している。それだからいつまで経っても照明が点かなかった。

点けられなかったのだ。

劇場の暗闇の中では、再びうつ伏せになった彼女の表情までは見分けられない。

けれどダンサーとして鋭敏な身体感覚を持つ瑠夏さんは、他人の挙動に付随する筋肉の動きから、その人の感情をある程度は推しはかることができる。

舞台上の彼女は、明らかに狼狽していた。

照明係もそうだし、残りの演者もさぞやきもきしたことだろう。

瑠夏さんがそう思った矢先、舞台に光が戻った。

演技が始まる。

「何で!?」と叫び声こそ上げなかったものの、瑠夏さんは我が目を疑った。

舞台上にいたのは、二人の演者。

うつ伏せになっていたあのダンサーが、消えていた。

その後はもう気もそぞろで、演技の内容はあまり覚えていない。

劇場からの帰り道、瑠夏さんは迷った挙げ句、友人に、

「あのとき、三人いたよね？」

そう問うてみたそうだ。

けれど友人は何の話だか一向に分からないといった風情で、

「あのときって、どのときよ？」

逆にそんなことを訊いてくる。

「ほら、何組目か忘れたけど、演者はスタンバイしているのに、照明が全然点かないタイミングがあったじゃない？」

瑠夏さんの訴えを聞きながら、友人は尚も怪訝な顔をしている。

「照明が点かないなんて、そんなこと一度もなかったけどなあ」

瑠夏さんは再び愕然とした。

時間にして約一分弱。尋常のステージなら決してあり得ないあの「間」を、友人はまるで記憶していないという。

「現実に存在しない」時間の中にうつ伏せる「現実に存在しない」ダンサー。

そのとき瑠夏さんが目にしたものが、果たしてお化けや幽霊の類だったのか、或いは現

実に紛れ込んだ夢の断片の如きものだったのかは、筆者には勿論、彼女自身にも判断が付かない。

けれど。

「ちょっと怖いとは思いました。でもね、あの子の慌てっぷり、今思い出すと何だか可愛いような気もするんです」

それに、と瑠夏さんは楽しげな笑みを浮かべた。

「お化けでも幽霊でも何でも、ダンスが好きだから、表現が好きだから、そんなふうにして舞台の上に出てくる訳でしょう？　だとしたら、私と同じですもん。気持ちは分かる、ってところですよ。ね？」

キー

「もう二十年以上前になるね。あの頃は若くてさ、さんざんヤンチャしたんだ」

都内で自動車整備会社を経営している池松さんは語り出す。


その頃、池松さんは夜な夜な仲間達とバイクでの暴走行為を繰り返していた。

それだけならまだしも、喧嘩、窃盗、恐喝など、詳しくは聞いていないが、あまり大きな声では言えない悪事にも手を染めていた。警察の世話になったことも一度や二度ではないらしい。

ある晩、池松さん達のグループはいつものように徒党を組み、Nという埠頭まで肝試しをしに行った。

その埠頭では、暫く前に中年の不倫カップルが練炭自殺をするという痛ましい事件があった。といって別に幽霊の目撃情報があった訳ではない。そもそも池松さん含め、グループの誰も幽霊なんて信じてはいなかったのだが。

「時間と元気だけはあり余っていた年齢だったからさ、きっかけなんて、何でも良かったんだよ、きっと」

そんな訳で池松さん達が件の埠頭に到着したのは、直《じき》に日付も変わろうかという時刻。月の大きな晩だった。

時間も時間だから、埠頭には人っこ一人いない。にも拘らず、どこからか音がした。

彼らには耳に親しいバイクのエンジン音である。

「俺達以外にも誰か来てんのか?」

「さあ、とりあえず行ってみようぜ」

別の不良グループだとすれば、一触即発の事態に発展する恐れもある。何しろ血の気の多い連中なのだ。

僅かながら緊張しつつ、音のするほうまでぞろぞろ歩いていくと、そこには異様な光景が広がっていた。

埠頭の最奥に、長さ二十メートル程のコンクリートフロートがある。

海に突き出た係留用のスペースだが、現在は使われていないのか、手前には「立入禁止」と書かれた柵が設けられている。どこか物々しい雰囲気だ。

そのフロートの先端部分、あと一歩でも進めば転落するという程のギリギリの位置に、エンジンの掛かったバイクが一台、何故か海のほうを向いて停まっていた。

どういう意図があるのか、さっぱり訳が分からない。

さしもの池松さん達も呆気に取られ、少しの間、その場に硬直してしまう。

「あれ、何？」

「分かんねえ……けど、ちょっとヤバくないか？」

「お前、見てこいよ」

「はあ？　嫌だよ、お前行けよ」

バイクの窃盗行為を日常的に行っているような不良達でも、流石に尻込みした。

が、池松さんは違った。

仲間が怖じ気づいているこんなときこそ、男を見せるチャンスだ。

そう考えた彼は丹田にぐっと力を込め、たった一人、バイクの停められたフロートまで近づいていった。

立ち入り禁止の柵を乗り越え、重低音を轟かせるバイクに歩み寄る。

そこで初めて気付いたのだが、バイクの車体は鉄パイプで何度も執拗に殴りつけたように凹み、傷だらけだった。

おまけにところどころ、赤黒いシミが付着している。

見なかったことにして、池松さんはバイクからキーを抜き取った。

喧《やかま》しかったエンジン音が消え、周囲に静寂が訪れる。

池松さんはそのキーを、まるで敵将の首級《しるし》を挙げでもしたかのように大きく掲げると、真っ暗な海に全力で投擲《とうてき》したのだという。

おおおっ！　と仲間達が背後でどよめく。

直後、遠くでキーが海面に落ちる、ぽちゃん、という音がした。

内心では、こんなことをして大丈夫かな？　と思ったものの、それを気取られては折角のデモンストレーションが台無しだ。

池松さんはポケットに手を突っ込み、咥え煙草で仲間達の元へと引き返していった。

「池松、お前凄えな！」

「マジで大したもんだ！」

仲間達の称賛を受け、池松さんはさながら英雄気分である。

どうしてあんなところにバイクが停まっていたのかは分からない。

確かに気味は悪い。それを認めるにやぶさかではない。

だけど、それがどうしたっていうんだ？

バケモンの仕業でも何でも知ったことか。

俺達が最強。そうだろ？

怖いものなんて何もない。

口々に気焔《きえん》を吐きながら、池松さん達はその場を立ち去った。


「何が本当に怖いかってことを、まるで分かっちゃいないんだ」

一言呟くと、池松さんは年季の入ったジッポライターでショートホープに火を点けた。

「若い頃って、そういうもんなんだよねえ」


埠頭を一周した頃には、池松さん達はもうすっかり退屈していた。

「ぼちぼち帰ろうや」

「あーあ、つまんね」

そうして彼らが、自分達のバイクを停めた場所に戻ってきたときのこと。

「おい、あそこに誰かいるぞ」

仲間の一人が声を上げた。

見れば、確かに複数の人影が、池松さん達のバイクを取り囲むようにして立っている。

ひょっとして別の不良グループだろうか？

さっきのバイクの持ち主だとすれば、衝突は避けられない。

通常の神経ならまずいと感じるところだが、何しろ池松さんの蛮勇のおかげで、全員の闘争心に拍車が掛かっている。

「おめえらなんだあこら！」

「舐めてっと張っ倒すぞ！」

「シャバ僧《ぞう》が！　ああん？」

池松さん達はそんなふうに喚き立てながら近づいていった。

当の人影は、向かってくるでもなく怒鳴り返すでもなく、ただぼんやりとその場に立ち尽くしている。

そのうちに、池松さんは気付いてしまった。

どれだけ距離を縮めても、相手方の顔はおろか、性別も、着ているものすら分からない。

そればかりか背丈や身幅に一切の差異がなく、まるで同一人物のコピー人形が並んでいるように見えた。

「なあ、あいつら変じゃねえか？」

誰かが言った途端、これまで微動だにしなかったそいつらが一斉にぐりんと頭だけをこちらに向けた。

中には百八十度首が回転している者もあり、どう考えても人間業ではない。

池松さん達は同時に悲鳴を上げる。

「ダメだ！　あれダメだって！」

「無理！　ほんっとうに無理！」

「おい、お前ら先に行くなよ！」

池松さん達はそいつらに背を向け、脱兎の如く駆け出した。

そうして埠頭の入り口まで走り通した彼らは、そこにあった自動販売機の前に座り込み、心細く夜をやり過ごした。

無言で自販機を蹴り続ける者あり、ひっきりなしに煙草を吸う者あり、半狂乱になって恋人に電話する者あり、ただひたすら頭を掻きむしる者あり。

先程までの威勢はどこへやら、その場にいた全員が怯えきっていた。

東の空が白み始めた頃、池松さん達は勇を鼓してバイクを取りに戻った。

そうしたところ、あの人影はもうどこにもなく、池松さんがキーを投げ捨てたバイクも消え失せていたそうだ。

「それだけなら、ひょっとして集団ヒステリーって線もあるかもしれないね。まあ、あの晩は酒もクスリもやってなかったんだけど、その可能性は否定しないでおくよ。そう考えておいたほうが、俺としてもラクだもんな」

池松さんはその後も数カ月は暴走行為に明け暮れ、規範通りの悪事を反復した。

けれどあの晩以来、どうにも気が乗らない。

自分のやっていることは所詮「ガキの虚勢」に過ぎないとの意識が、頭の隅にこびりついて離れないのだ。

仲間達とは、次第に疎遠になっていった。

一年後、池松さんは地元を離れ、都市部の自動車工場に勤務していた。

その頃には、他のグループと抗争を繰り広げたり、二人乗りでパトカーを煽ったりしていた当時のことが、夢の中の出来事のように感じられていた。毎夜毎夜、何が楽しくてあんなことをしていたんだか分からない。

とはいえ自慢の愛車を手放すことだけは決してなく、日々の移動は変わらずバイクに頼っていたという。

そんなある日のこと、給料で買ったばかりのライダースジャケットに袖を通した池松さんは、おや？　と違和感を覚えた。

左のポケットに何か入っている。


「あいつらさ、忘れた頃にそうやってひょっこり出てくるんだよね」

言いながら、池松さんは灰皿で煙草を揉み消した。

「一番怖いのは人間って、ありゃ大嘘だよ。お化けのほうが怖い。うん、余裕で怖い」


ポケットから出てきたのは、自分のものではないバイクのキーだった。

あ、終わってないじゃん。

池松さんは震える指でそれを摘み上げた。

赤錆だらけのキーからは、あの夜の潮の匂いがした。

コード

怪談を聞き集めていると、体験者やそれに準ずる人が行方不明になってしまう話に間々遭遇する。

こうしたタイプを俗に「行方不明オチ」と呼び、実話怪談の「実話」部分のリアリティを損なうとの理由で、怪談ジャンキーからはやや敬遠されもする。

とはいえ、然るべきデータに基づくなら、日本では年間約八万人もの人が行方不明になっているのだ。

そうであってみれば、そのうちの百人やそこらは何らかの怪現象に巻き込まれたせいでいなくなっていたとしても不思議はないように思う。読者諸兄姉におかれては如何お考えだろうか？

だからという訳でもないのだが、本書にもそんなタイプの怪談を幾つか収録した。

以下に挙げるのもその一つである。

洋介さんが高校三年生の頃。

当時それなりに「イキっていた」という彼は、交際相手のリサさんと地元のちょっとした心霊スポットに肝試しに出かけた。

そこは元々廃墟だったところに、近隣の男が忍び込み首を吊って死んだという一軒家で、中に入ってみると、ほんのりとアンモニア臭が漂っている以外には、別段変わった箇所はなかったという。

肝試し目的の連中がしょっちゅう忍び込んでいるせいだろう、家の中は想定の範囲内で荒らされていた。

煙草の吸い殻や酒の空き缶、使用済みの避妊具にいかがわしい雑誌類が至るところに散乱し、壁には大量の落書きが残っている。

リサさんは多少ビクつきながらも探索を楽しんでいたようだが、心霊やオカルトの類を一切信じない洋介さんは、侵入から五分とせずに退屈してきてしまう。

そのうちに暇を持て余した洋介さんは、とある悪ふざけに興じ始めた。

リサさんの首筋や太腿にそっと手を這わせ、息を吹きかける。そうして彼女の反応を楽しんだのだ。

最初こそ単なる悪ふざけに過ぎなかった。が、何しろ雄猿も同然の高校生男子である。

次第に本気でムラムラしてきてしまった洋介さんは、背後からリサさんに抱きついた。

「ちょっと、こんなとこでやめてよ！」

「まあまあ、たまにはこういうのもいいじゃん？」

そんなふうに二人してもつれ合っていたときのこと。


ジジジジジジジジジジジジ……！


突如、足元で電話の音がして、洋介さんは心臓が飛び出るほど驚いた。

見れば床の上に古ぼけた回転ダイヤル式の電話機、所謂黒電話が転がっている。

えっ、この家、電気系統が生きているのか？　との考えが一瞬、洋介さんの頭をよぎったが、コードはどこにも繋がっていなかった。

「うああああああああああ！」

どちらともなく絶叫し、後ろも見ずに駆け出した。

そのまま全力で走って、近くの公園のベンチで一息つく。

「電話、鳴ったよな？」

「コード、途中で切れてたよ」

「凄くね？　霊かな？」

「絶対そうだって」

などと興奮気味に話し合っていたら、落ち着きなく辺りに視線を漂わせていたリサさんが、公園の入り口を指差した。

「ねえ、あの人、さっきからずっとこっち見てる」

言われて、洋介さんもそちらに視線を向ける。

二匹のフレンチブルドッグを連れた女性だった。年齢は、おばさんとお婆さんの中間といったところか。小柄で、でっぷりとした体格。花柄の袖なしワンピースにサンダル履きのラフな格好をしていた。恐らくは散歩中の近隣住民だろう。

女性は洋介さんと目が合った瞬間、ギョッとしたように目を逸らしたが、やがて意を決したように二人のほうに近づいてくる。

「ちょっとちょっと、あんた達、それはダメだって」

洋介さん達の前まで来ると、いきなりそんなことを言う。

何ですか？　と洋介さんが訊ねたところ、女性は眉間に皺を寄せつつ、両手をぐるぐると何度も回す仕草をした。

「あんた達の首にね、変なものが巻きついてるのよ。何それ？　ロープ、じゃない。ビニール紐、でもなくて……ああ、電話機のコードか」

二人は思わず顔を見合わせた。

「電話機のコード」だって？

二人の動揺に気付いているのかいないのか、女性は淡々と話を続ける。

「あのねえ、そうなったからにはもう手遅れって気がするけど、一応ね、御両親に事情を伝えて、お祓いか何かしたほうが良いと思うわよ。忠告したからね。それじゃあ、私はもう関わりたくないから」

猛然と喋り散らすと、女性は踵を返し走り出した。

「あ、ちょっと……！」

「あああああ、嫌だ嫌だ！　関わりたくない！　関わりたくないんだってば！」

女性は外見に似合わぬ俊足で、あっという間に見えなくなってしまった。追走するフレンチブルドッグのスピードも、今にして思えば小型犬のレベルをちょっと逸脱したものだったらしい。

「何なんだよ、あれ……」

洋介さんはそう独りごちた。女性の言っていた「電話機のコード」とは、廃屋にあった黒電話をどうしたって連想させる。

不気味な体験をした直後なだけに、二人とも酷く気が滅入ってしまい、今日のところは解散ということになった。

あんな心霊スポットなんかに行くんじゃなかったな……。

リサさんと別れ、洋介さんは悶々とした気分を抱えて帰宅した。

玄関ドアを開け「ただいまあ！」と殊更に大声で呼び掛ける。

すると、廊下の突き当たりにあるトイレのドアが開いて、そこから母親が顔を覗かせた。

「さっき、あんたにお客さんが来たわよ」

言いながら、母親は洋介さんの顔を無表情で見つめている。

「んー、誰？」

「さあね、名前言ってなかったけど、男の人」

「どんな？」

「首にコード巻いてた」

「はあ？」

「伝言があるって」

「いや、ちょい待ち……首にコード？」

「お前じゃなくて良かったな」

「えっ？」

「だから『お前じゃなくて良かったな』って、それが伝言なの」

「それ、どういう……」

と口にしかけ、洋介さんは気付いてしまう。

母親の身長は一五〇センチ程で、女性としても小柄なほうだ。

しかし今、トイレから顔を突き出している彼女は、開いたドアの上部に頭がつきそうな様子である。身長一七五センチの洋介さんよりも、尚高い。踏み台でもない限り、あんな位置に顔があるのはおかしい。

無意識に、洋介さんは後ずさった。

本能が警鐘を鳴らしている。

「お母さん……？」

そう声が漏れた途端、風船の空気が抜けるような音が廊下に響き渡った。

母親の哄笑《こうしょう》であった。

「あんたねえ、甘ったれるのも大概にしなさいよ。あたしはさあ、ただ伝言を預かってるだけなんだってば。『お前じゃなくて良かったな』『お前じゃなくて良かったな』『お前じゃなくて良かったな』分かった？　ちゃんと伝えたから。ほんと良かったよねえ」

あんたくびつりになっておわらなくてさ。

満面の笑みを浮かべ、母親は顔を引っ込めた。

直後、背後で玄関のドアが開いて母親が帰ってきたので、洋介さんはその場にへたり込んでしまった。

トイレには誰もいなかった。

その日から、リサさんは行方不明になった。

夜になっても帰宅せず、メッセージに既読も付けない娘を心配した両親が、警察に捜索願いを出したのだ。

直前まで一緒にいたことから、洋介さんは何度も事情聴取を受けた。

二人で廃屋に忍び込んだことを白状し、警察からはこってりと絞られたが、当の家からはこれといって手掛かりになるものも見つからなかったらしい。

洋介さんは残りの高校生活を、肩身の狭い思いで過ごした。

詳しい事情を知らない同級生達からは、殺人犯同然の扱いを受けた。

リサさんの母親と偶然、道で出会った際には、

「お前だったら良かったのに！」

と激しく罵倒されたそうだ。

その後、洋介さんは東京の専門学校に進学した。

後ろ指を差され続けるのも辛かったし、地元にいると、どうしたってあの日のことを思い出してしまう。それが何より恐ろしかった。

二年後、卒業を機に洋介さんは一時帰省した。幾度となく考えた結果のことである。

そうして事情を知らない専門学校の友人と連れ立って件の廃墟を訪れたところ、以前見かけた電話機は最早、影も形もなかった。

しかし確かこの辺りと見当を付けた場所には、バラバラに千切れた電話機のコードのようなものが散らばっていたということだ。

まゆちゃん

藤城亜耶さんは昔から兄との折り合いが悪い。

兄は父の先妻の子で、厳密には異母兄妹ということになる。亜耶さんは兄の母を、だから遺影でしか見たことがない。線の細い亜耶さんの母とは違って、ふくよかな女性だった。

「その兄貴がね、高校生の頃、下着泥棒で捕まったんです」

下着を盗んだ相手は、よりにもよって亜耶さんのクラスメイト、当時十一歳の女児だったというのだから堪らない。あまりの恥ずかしさに亜耶さんは不登校になった。

「そのせいで修学旅行にも行けなかったんだから、最悪にも程がありますよ」

無論、兄の高校にもその経緯は伝わり、停学処分を受けた。期間が明けた後もなし崩しに登校拒否は続き、藤城家は同時に二人の不登校児を抱えることに。

おまけに両親は共働きだったから、日中は兄妹だけで家にいなければならない。

「亜耶さんとしては、それは相当しんどかったのでは？」

訊ねると彼女は勢い良く首肯した。

「まあ、あの変態、自分の部屋からは一歩も出てこなかったから、顔を合わせることは滅多になかったんですけど。ただ……」

音がね、と亜耶さんは眉を顰める。

運悪く兄妹の部屋は壁一枚隔てた隣同士だった。

そうなると自然、咳払いや欠伸《あくび》、鼻を啜る音などが嫌でも耳につく。ただでさえささくれだった亜耶さんの神経に障ることこのうえない。

といって一階のリビングに移動したところで、何をしているものやら、兄はそう広くもない部屋の中を始終行ったり来たりしているらしく、ミシッミシッと不快な足音が聞こえてくる。

「それだけでもムカついてしょうがないのに、いつからか、工作でもしてんの？　っていうような音が聞こえるようになったんです」

決まって、両親が家を空けている時間帯だった。

発泡スチロールを擦り合わせる。木材をノコギリで切断する。金槌で釘を打つ。鉋《かんな》を掛ける。挙げ句の果てには、ギュルギュルと耳を聾《ろう》する電動ドリルの音が家中に響き渡った。

勿論、両親には迷惑を訴えた。しかし二人は共に曖昧な笑顔を浮かべて、

「お兄ちゃんも辛いのよ、分かってあげて」

「そうやって、何かに夢中になる時間が必要なんだろう」

といった具合で、兄の肩を持つばかりだった。

当の兄の姿は、もう何カ月も見ていなかった。

食事に関しては朝晩二回、母が部屋の前に置いたものを綺麗に平らげているようだ。けれど風呂やトイレをどうしているのかは、四六時中同じ家にいる亜耶さんにもついぞ分からなかった。

「暫くしたら、その変な音は止んだんですけど」

次は独り言だった。

くぐもった声で日に数度繰り返されるそれはまるで読経か呪文のように聞こえ、病み疲れた亜耶さんの精神をじわじわと蝕んでいく。

今にして思えば、日本語でも英語でも、恐らくは中国語でも韓国語でもない奇妙な言語だった、と亜耶さんは当時を振り返る。

最初は聞こえるたびにイライラと落ち着かない気分にさせられたものだが、次第に慣れてきた。単調なリフレインは亜耶さんの脳に麻薬のように浸透し、耳を傾けているといつの間にか眠りこけてしまうこともしばしばだった。

『ンーマニパドミップン』

『ンーマニパドミップン』

そんな意味不明なフレーズだけは、今でも耳にこびりついているそうだ。

ある日、亜耶さんはベッドに寝そべり、ぼんやりと天井のシミを眺めていた。

中学進学のこと、今日の夕飯のこと、今でも連絡帳やプリントを届けてくれる幼馴染みのこと、連載終了した少女漫画のこと、密かに恋心を抱いていた同級生のこと、どんな方法で兄を殺すかということ。

取り留めのない思念が泡のように浮かんでは消えていく。

そろそろかなあ、と思った矢先、隣の部屋から兄の声がした。

けれどそのときの独り言は、普段の読経とはいささか趣を異にしていた。

「間の取り方なんか、明らかに誰かと話している感じなんですよね」

それはぼそぼそと囁くような低音で、時折、短い笑い声も混じるようだった。

「……ちゃん……くは……とい……しょだ……ねえ」

「……しつ……こは……らね……から……うふふ」

今この家には兄と自分しかいない。

普通に考えれば誰かと電話でもしているのだろうが、兄にそんな相手がいるとは思えなかった。

あいつ、いよいよ頭がおかしくなったのかな？
そう考えた亜耶さんは俄かに身の危険を感じ、階下に移動することにした。
音を立てぬようそっと部屋のドアを開け、抜き足差し足で進んでいく。
そのとき、兄の部屋からはっきりと声が聞こえた。
『おにいちゃんだいすき』
明らかに、兄のものではない。
あどけない、少女の声だった。
亜耶さんは必死で叫び声を噛み殺す。
「俺も大好きだよ。うふふ」
一拍置いて、こちらは間違いなく兄の声である。
心臓を鷲掴みされたように胸が苦しくなり、背中を冷たい汗が伝った。
『おにいちゃんずっといっしょだよ』
「えへへ、嬉しいなあ」
もしかして、と亜耶さんは唾を飲む。
下着泥棒だけでは飽き足らず、生身の少女を誘拐してきたとでもいうのだろうか。
『おにいちゃんだいすき』

「むふっ、どれくらい？」

『けっこんしたいくらい』

「……うん、おれもね、まゆちゃんと結婚したいな」

その一言を聞き、亜耶さんの全身に電撃が走った。

まゆちゃん？

あいつ、今そう言ったの？

兄が下着を盗んだ同級生の名だ。

名前を聞くまで気付かなかったが、声もよく似ている、気がした。

『だいすきだよ』

「俺も大好き」

『けっこんしたい』

「俺もしたいよお」

突然、腹部から熱いものが込み上げてきて、亜耶さんはその場にボタボタと嘔吐してしまった。

目の前が涙で霞み、耳鳴りがする。

こんなの嘘だ、あり得ない。

そうは思っていても、現に部屋の中からは兄ともう一人、まゆちゃんと思しき女の子の声が聞こえてくる。

兄はついに、取り返しの付かない異常犯罪に手を染めてしまったのだろうか？

ただでさえ肩身の狭い思いを強いられている自分達一家も、これで一巻の終わりだ。御近所さんと学校の関係者から白眼視されるなんて、そんな生優しい事態では済まなくなってしまった。

全国ニュースだ。女児誘拐犯の妹として、あたしは一生を終えるんだ。

「小学生ですから、そこまでは頭が回らなかったですけどね。あまりのショックに腰が抜けて立てなくなっちゃって」

亜耶さんの嗚咽が届いたのか、いつしか話し声は止んでいた。

カチャッとドアノブを捻る音がして、ドアの隙間から兄が顔を覗かせた。

久しぶりに目にする兄は、まるで別人だった。

脂ぎった頭髪は肩まで届き、顔中が濃い髭に覆われている。全体に垢じみてはいるが、憔悴した様子はない。むしろ以前より太ったように見えた。

兄は亜耶さんと廊下にぶち撒けられた吐瀉物とを黄色く濁った双眸《そうぼう》で興味なさそうに眺め、一言も発することなくドアを閉めた。

その日はもう何の音もしなかった。

「怖いというか、混乱ですよ。だからそのことは両親にも話せずにいたんですけど」

二日後、訃報がもたらされた。

まゆちゃんのものである。

体育の授業中、いきなり泡を吹いて倒れた彼女はすぐに救急搬送されたが、結局、一度も意識を取り戻すことなく帰らぬ人となったらしい。

両親からその話を聞かされて、亜耶さんは震えあがった。

まゆちゃんが意識を失ったのは、ちょうど兄の部屋からあの話し声が聞こえていた時刻だったのだ。

「そのことであたしは動転、というか端的に頭がどうにかなっちゃって。以前から通院はしていたんですけど、お医者さんから、兄と同居している今の環境が大きなストレスなんだろうって言われて、それからの何年か、祖父母のところで過ごすことになったんです」


あの日のことは極力思い出さないように努め、進学した私立の中学校では勉強と部活に全力で打ち込んだ。

兄とまゆちゃんにまつわる忌まわしい一件を知る同級生はなく、少しずつ亜耶さんは日常を取り戻していった。

高校進学を機に、亜耶さんは実家に顔を出した。実に三年ぶりのことである。

それまでも両親とはたまに外食をすることもあったが、兄の顔を見る機会は一度もなかった。

知らないうちに兄は実家を出ていた。

唐突に自立すると宣言し、父親の名義で隣県にアパートを借りさせたそうだ。現在はオンラインゲームのデバッガーとして働いているとのことだが、月に何度か、母親に金を無心しているらしい。

「まあ、色々大変なこともあったけどな、あいつも男一匹、無事に独り立ちしてくれて良かったよ」

ビールグラスを傾けながら父はそう独りごち、母は無言で目に涙を溜めている。

両親のそんな様子を亜耶さんは冷めた気持ちで見つめていた。

その晩、亜耶さんは久しぶりに自室のベッドで眠りに就いた。

『ンーマニパドミップン』

『ンーマニパドミップン』

気のせいと分かっていても、あのときの兄の呪文が聞こえてくるようでなかなか寝付けなかったという。

深更《しんこう》、亜耶さんは自室のドアが開く音で目を覚ました。

こんな時間に何だろう？　と身体を起こそうとするが、指一本動かない。

金縛りだ。

生まれて初めての経験である
部屋の隅に誰かが立つ気配があった。

必死に助けを呼ぼうとするものの、喉からは死にかけの蝙蝠《こうもり》みたいな掠れ声が漏れた。

『おにいちゃん』

あの日よりもか細い声が、真っ暗な室内にこだました。

『どこいったの』

ぷん、と頭が痛くなりそうな有機溶剤の匂いが鼻をつく。

『おにいちゃん』

『どこなのお』

窒息しそうな息苦しさの中、小さい存在が、死んだまゆちゃんよりもずっと小さく、それでいて血の気のない、一切の人間味を欠いた存在が、ベッドの周りをぐるぐると回っている気配を感じた。

『おにいちゃあん』

耳元で声がした。

聞き覚えがある声だ。

でも違う。

まゆちゃんじゃない。

人間じゃない。

『どこいったんだよお』

氷の塊のように冷たく硬いものがのしかかってきて、亜耶さんは意識を失った。


気付いたら朝だった。

床にはおがくずみたいなものが散乱し、閉めたはずのドアが開いていた。

部屋と廊下にはうっすらとシンナーの匂いが漂っていたそうだ。

「朝食の席で、両親にそのことを話したんですけど」

「ああ、それは夢だよ」

「そう、疲れてるのね」

打ち合わせでもしていたかのような反応だった。

以来、亜耶さんは実家に顔を出しはしても、宿泊することは決してない。

「あの変態は今でもデバッガーとかプログラマーとか何とか言って、両親から仕送りを貰ってるみたいです」

これまで語ったことの一つ一つに関連性があるのかないのか、あるとすればそれはどういった類のものなのか、自分には判断ができないしする気もない、と亜耶さんは語る。

「好きに書いてもらって構わないですよ。あたしにはもう関係ないことですから」

不愉快極まりないといった表情で、亜耶さんはそう話を結んだ。

泣きぼくろ

地方紙の記者をしている四十代の龍平さんは、以前、取材先の寺で女の幽霊らしきものを見たことがあって、それは夏の暑い日のことだった。

何代前かの住職が著名な蒐集家と昵懇《じっこん》だったらしく、その寺は何点かの幽霊画を所蔵していた。いずれもそこまで知られた作ではないが、一年のうち数日間は虫干しついでに一般開帳されており、当時、文化欄を担当していた龍平さんはその幽霊画の取材に向かったのである。


参道に敷かれた玉石からの照り返しにじりじりと頬を焼かれ、寺務所に着いた頃には、龍平さんは汗だくになっていたそうだ。

汗を拭き拭き案内を請うたところ、住職の奥さんと思しき恰幅の良い中年女性が出てきてエアコンの効いた屋内に招き入れられた。

革張りのソファーに腰掛けた龍平さんの前に冷えた麦茶と餅菓子が運ばれてくる。

「住職は今ちょっと用足しに出ておりまして……」

と頭を下げるのを制して、

「どうぞお構いなく。汗が引くまで少し休ませていただきますので」

そう言うと、女性は一礼して部屋を出ていった。

一息に麦茶を飲み干して、龍平さんは鞄からカメラとボイスレコーダーを取り出した。

充電状態その他を念のためチェックするつもりだった。

長年愛用している一眼レフカメラのファインダーを覗いたときだ。

龍平さんの目の前を何か白いものが横切った。

ハッとしてカメラから顔を離す。


女が立っていた。

部屋のドアはソファーのほぼ正面にあるから、誰か入室した者があれば気付かないはずはない。隠れられるような場所も見当たらないし、おまけにこんな至近距離に来るまで気配を感じないというのも変だ。

経帷子《かたびら》のように見える白い着物を身に纏った、若い女だった。

切れ長の目にスッと通った鼻筋、朱を塗ったように艶やかな唇。

一つ一つのパーツは整っている。

端的に美人と言って差し支えない。

にも拘らず、全体のバランスがどこかちぐはぐだった。

まるでこの世ならざる存在が、見様見真似《みようみまね》で人の姿形を採ったような。

「幽霊」の二字が龍平さんの脳裏をよぎる。

女が身を屈め、ずずっ、と顔を寄せてきた。

鼻先が触れ合いそうな距離だった。

女の顔を一目見た瞬間から、龍平さんの胸には奇妙な感情が萌《きざ》していた。

強いて言えばあのときの気持ちは「懐かしさ」に近かったのではないか、と龍平さんは後にそう述懐することになる。


かくん、と首が揺れた拍子に龍平さんは目を覚ました。

彼の目の前にはいつの間にか墨染めの衣を着た禿頭《とくとう》の男性が座し、柔和な笑みを浮かべている。

「大分お疲れのようですなあ」

しまった、取材先で居眠りするとは。

慌てて居住まいを正し非礼を詫びるも、住職はカラカラと笑いながら手を横に振る。実に住職然とした、飄々《ひょうひょう》たる振る舞いだ。

「いやいや、お気になさらず。何しろ外は酷い暑さですし、どうした訳かこの部屋に一人でいると、急な睡魔に襲われるということがよくあります。日当たりの問題なのか、真夏でもほら、エアコンを入れる必要がないくらいなのですよ」

住職が指差すほうを見れば、成程、確かにエアコンは動いていない。

洞窟か地下室でもあるまいし、真夏の、それも閉め切った部屋の中でこんなに涼しいなんてことがあるだろうか？

夢に出てきた女の顔が瞼の裏にちらついて、龍平さんは思わず二の腕を摩った。


住職の先導で、龍平さんは本堂とはまた別の建物に案内された。

外に出た瞬間、狂ったような蝉時雨《せみしぐれ》が龍平さんの耳を聾する。

まるで別世界だ、と思った。

幽霊画が展示されていたのは板張りの十畳あるかないかという部屋で、貴重な絵画を傷めないためだろう、窓には分厚い遮光カーテンが引かれている。

幽霊画の他にも、龍平さんにはさっぱり価値の分からない掛け軸や浮世絵が数点展示されているが、古美術骨董の類に余程の関心がなければものの数分で見終わってしまう規模だった。

龍平さんはボイスレコーダーのスイッチを入れた。そうして住職の解説に適当な相槌と質問を挟みつつ、展示された絵画を眺めていく。

あるところで、視線が釘付けになった。


女の絵だった。

柳の木の下に、白い着物を着た女が立っている。

ほぼ間違いなく幽霊画だが、女の顔は奇妙に生気を帯びている。

切れ長の目にスッと通った鼻筋。朱を塗ったように艶やかな唇。

美しくも、どこか均整を欠いたその顔に見覚えがあった。

あの女だ、と龍平さんは息を呑む。

絵の女には一つだけ欠けているものがあった。


「いい女でしょう」

感に堪えないといった風情で住職が言った。

「は？　はあ、そうですね……」

住職の言葉に、龍平さんは引っ掛かりを覚えた。

いい「絵」じゃなくて、いい「女」なのか？

僧侶には似つかわしくない表現に思えた。

龍平さんの戸惑いを意に介さず、住職は先を続ける。

「でもね、惜しいんだ。本当に、ただ一点だけ。画竜点睛《がりょうてんせい》を欠くとは、こういうことなんでしょうねえ」

住職が龍平さんにまっすぐ向き直った。

すぐ目の前にいるにも拘らず、住職の顔は曖昧だった。

所定の場所に、目があり、鼻があり、口がある。

それは分かるのだが、首から上だけが遠く離れた場所にあるようで、一つの顔としての像を上手いこと結ばない。

「ねえ、あなたは御存じでしょう？　この女の、どこに、何が足りないのか」

龍平さんの無難な取材記事は翌日の紙面に掲載され、それについては取り立てて読者からの反応もなかったそうだ。

しかし数年後、全く別のインタビューをした建築家と雑談を交わしていたところ、件の幽霊画の話になった。

彼もまた開帳日に例の寺を訪れたことがあるというのだ。

「あの絵って、上手く言えないんですけど、何かちょっと……」

建築家はそこまで言うと不意に押し黙ってしまい、後は通り一遍の取材に終始した。

あの日、龍平さんを案内した住職は何年も前に亡くなり、以来、寺で幽霊画の開帳は行われていない。

奇睡域――あとがき

夢見ていた男の夢のなかで、夢見られた人間が目覚めた。

J・L・ボルヘス「円環の廃墟」

本書『怪談六道 ねむり地獄』は蛙坂須美の初単著である。

タイトルについて一言。

実はこのタイトルは幾つか候補を挙げたうちの第二案であって、第一案は『実話怪談奇睡域《きすいいき》』というものだった。

御存じの通り「汽水域《きすいいき》」とは、淡水と海水が交わる水域を指す。

そのように本書では、怪異と睡眠、あるいは夢が交わる境域に読者を巻き込むことで、夢見ていたはずの私が、いつしか夢見られたあなたになる、そんな枕返しの呪詛を目論んだ。本書の執筆に着手する以前、手持ちのネタを精査した時点で、上記のコンセプトはある程度固まっていた。

そのためこの『奇睡域』というタイトルには愛着があったのだが、編集会議の結果、第一案は没となり、現在の『怪談六道 ねむり地獄』が採用された。

と言って何もこのタイトルに不満がある訳ではない。むしろ気に入っている。

「六道」と冠したからにはあと五冊は出せる（といいな）との打算は無論あるし、何らかのコンセプトに基づいて怪談本を「作る」には、こちらのフレームのほうがしっくりくるかもしれない。今はそう思っている。

兎にも角にも一冊の書物の枠組みを一から作っていくのは初めてだった。取材に執筆に構成にと苦労は付き纏ったが、その分、これまでになく自由に腕を振るえたと思う。あとはただ、本書がより多くの方の喉元に魚の骨を残すことを祈るのみである。


ともすれば御自身の実存にも関わる貴重な体験談を快く聞かせてくださった提供者各位、取材協力など様々な面で尽力してくれた友人S、頼れる先輩作家の高田さん、神沼さん、監修の加藤さん、編集の増田さん、イベント等でお世話になった御歴々、妻と娘、その他、本書の刊行に関わる全ての方々と本書を手に取ってくださった読者の皆様に、心より謝辞を捧げます。

蛙坂須美

★読者アンケートのお願い

本書のご感想をお寄せください。アンケートをお寄せいただきました方から抽選で10名様に図書カードを差し上げます。

（締切：2023年10月31日まで）

応募フォームはこちら

怪談六道 ねむり地獄

2023年10月6日　初版第一刷発行

著者……………………………………蛙坂須美
監修……………………………………加藤 一
カバーデザイン……………………橋元浩明（sowhat.Inc）

発行人…………………………………後藤明信
発行所…………………………………株式会社 竹書房
〒102-0075　東京都千代田区三番町8-1　三番町東急ビル6F
email: info@takeshobo.co.jp
http://www.takeshobo.co.jp
印刷・製本……………………………中央精版印刷株式会社